JN418741

주자천朱子川의

죽 쑤며 사는 이야기

주자천朱子川의
죽 쑤며 사는 이야기

이은숙 지음

인간사랑

책머리에

시간이 나면 산에 오른다.
나무와 풀과 꽃을 만난다.
서로 다른 나무들과 풀들이 어우러진 숲에서 사계절을 본다.
계절이 바뀔 때마다 산빛도 달라진다.
멀리서 보는 산과 가까이서 보는 산은 다르다.
사람사는 것도 계절 바뀌는 산과 같다고 생각한다.
정말 다양한 형태의 삶을 사는 사람들을 만났다.

인터넷 신문 「아이 캔 뉴스」에 글을 쓰고 있다.
「주자천의 죽 쑤며 사는 이야기」 고정 코너다.
현장에서 일어나는 일들을 있는 그대로 쓴다.
신문에 실렸던 글과 살면서 접하는 일들을 담았다.

죽 쑨다고 하면 두 가지를 생각한다.
먼저 뭔가를 망쳤다고 생각하고 다음에 먹는 죽을 떠올린다.
전혀 실패나 과오가 없는 사람은 없다.
간간이 죽도 쑤면서 사는 게 인생 아닐까.
되도록이면 단순하게 살고 싶다.

2006년 여름

차례

Contents

차례

Contents

이쁜 떼보

"또 떼부린다 … 이그, 이 떼보쟁이,"

"그려요. 나 떼보여요."

"앞으로는 떼보라고 부를겨!"

"이렇게 이쁜 떼보 봤어요?"

"첨 보네, 첨 봐."

"그렇지요? 히히히히 …."

가끔 화장지를 팔러 오는 장애인 아저씨다. 며칠 전에 왔었는데 화장지 사준 지 얼마 안 되어서 그냥 보냈다. 더 있다 오면 사준다고 했더니 며칠 지났다고 다시 왔다.

사십 초반쯤 되었나 보다. 곱상한 인상의 아저씨는 말씨도 어눌하고 손에도 장애가 있다. 작은 손수레에다 화장지를 싣고 다니는데 참 열심이다. 표정이 밝고 땡강을 부리는 게 나이와 상관없이 귀엽다.

"여기 물 한잔 마셔요."

"고맙습니다. 아, 시원해."

"땀좀 봐, 오늘 많이 덥지요?"
"한잔만 더 주세요."
혀 짧은 아이의 음성이다.

오월인데 초여름 날씨다. 언제부턴가 봄이 실종되었다. 봄이 오나 싶다가 날씨가 영하로 떨어지고, 오르락 내리락 기온이 불규칙했었다. 그러더니 바로 여름 날씨다.

"아저씨는 이뻐, 열심히 땀 흘려 일하니까 정말 이뻐."
"그럼 일해야지요. 장애인이라고 그냥 구걸하면 안 돼요."
"그 마음이 이쁜 거라오. 멀쩡한 사람도 구걸을 하는데 몸도 성치 않으면서 열심히 살잖아."
"물건 팔러 다니는 장애인도 가끔 말썽 피는 사람 있어요. 시비걸고 안 팔아주면 욕하고 그냥 조금씩 돈 달라 하고 …"
"가끔 그런 사람 있어요. 동전 주면 바닥에 던지고 …"
"안 팔아주려면 그냥 딱 자르세요. 잔돈 주지 말고요."

이마에서 손등에서 땀이 줄줄 흐른다. 정상인도 힘든 세상에 장애를 갖고 사는 게 얼마나 힘들까. 짐작만 해도 대단하다는 생각이 든다. 짐작이란 짐작일 뿐이다. 장본인의 고충이야 누가 알 수 있겠는가.

"이거 남대문시장에서 얻은 건데요, 아줌마 잡수세요. 아줌마 이뻐서 주는 거예요."

"내가 뭐가 이뻐?"

"아줌마 맘도 좋고 이쁘잖아요."

"우린 둘 다 이쁜 사람이네?"

초콜릿 봉지를 내 손에 쥐어준다. 먹은 걸로 하고 가져가라 하니 안 된단다. 몇 번 사양했더니 굳이 손에 쥐어준다.

땀이 진득하게 배어 있는 손바닥이 뜨겁다.

원숭이

아프리카 원주민들의 원숭이 잡는 방법은 아주 특별하다. 덫을 놓는 것도 아니고 그물로 생포하는 것도 아니다. 코코아 열매 한쪽에 주먹이 들어갈 만큼 구멍을 내고 그 안에다 맛있는 열매를 실에 묶어서 넣어둔다. 연결된 한쪽 실은 사람이 숲에서 숨어서 쥐고 있다가 원숭이가 열매를 꺼내려고 코코아 열매 속에 손을 넣으면 아프리카 원주민은 실을 살살 잡아당긴다.

손에 쥔 열매를 놓으면 살 수 있는데 원숭이는 절대로 주먹을 펴지 않는단다. 손 안의 맛있는 열매를 포기할 수 없기 때문이다. 결국 손에 쥔 작은 열매 하나 때문에 꼼짝없이 잡히는 것이다.

욕심은 자신의 목숨을 내놓게도 한다. 사람은 누구나 욕심이 있다. 욕심 없는 사람이 어디 있겠는가. 그러나 욕심이란 부린다고 다 얻어지는 것은 아니다. 이미 내 것이 아니다 싶을 때는 미련 없이 놓아야 한다. 끝까지 주먹을 펴지 않으면 어찌 되는지 짐작해 보자.

사람은 작고 사소한 것에 목숨을 거는 일이 다반사다. 아주 작은 이익에 양심을 팔고 이웃을 버린다. 오랜 세월 함께 한 가까운 사람을 배신하는 것도 큰 이익보다 사소하고 작은 내 잇속을 챙기려 하다가 이르는 결과다.

사람이 사람을 알기란 참으로 어렵다. 나 자신도 나를 다 모르는데 하물며 남까지 알 수가 없는 것은 당연하다. 관계가 지속되는 동안은 보이지 않고 알 수 없었던 일이 상황이 마지막에 다다르게 되면 그때서야 보인다. 정면만 보았었지 옆과 뒤를 보지 못하고 유지되기 때문이다.

작은 것을 포기하면 목숨을 건지는데 끝까지 주먹을 풀지 않은 원숭이를 미련하다 할 수 없다. 사람은 원숭이보다 더 욕심을 쥐고 살지 않는가.

동동구리무

외출에서 돌아오니 직원이 선물 봉지를 내민다. 법무사 할아버지가 가져왔다면서 웃는다.

"정말 가져오셨네?"

우리 집 개업단골이신 칠순의 법무사 영감님이다. 일 주일이면 사오일 오시는 고마운 고객이다. 항상 깔끔하게 양복을 입으시고 넥타이가 늘 멋지다. 화려하게 가끔은 파격적인 칼라로 멋을 부리신다.

금상첨화라고 할까.

겸손하시고 점잖아서 우리 집에서 인기 있는 분이다.

"여사님, 혹시 베트남 다녀오셨어요?"

"네. 오래 전에 다녀왔지요."

"내가 얼마 전에 그쪽을 갔다왔어요."

"소박한 인정도 그렇고 우리 옛 시절 같은 곳이지요."

"진주가루 크림이라고 아십니까?"

"글쎄요. 제가 화장품을 잘 몰라요."

"영양크림인데, 지방성분이 적어지는 나이에 바르면 좋다네요. 몇 개 사왔는데 마누라와 딸내미, 며느리 주고 남은 게 있어요."

아침에 일찍 오셨다. 막 문을 열었고, 주방에서는 준비중이었다. 나는 집에서 젖은 머리로 나왔기에 드라이어로 머리를 말리고 있는 중이었다.

뭘 먹고 체한 것 같아서 집에서 굶고 나왔다면서 흰죽을 주문했다. 자주 오시기 때문에 일상적인 안부를 묻곤 한다. 몇 번은 마나님을 대동하고 오시기도 했다. 나이 드니 건강이 젤 염려된다면서 삐그덕대는 육신을 이야기하신다. 그렇지만 칠순의 연세에 현장에서 일하시는 게 존경스럽다.

죽대접을 다 비울 때까지 여행 다녀온 이야기를 하신다. 연세 든 분이 가장 좋아하는 것은 이야기를 들어주는 것이다. 지난번에 한 이야기지만 처음처럼 들어준다. 맞장구도 쳐주면서 이야기를 들어주면 정말 좋아한다. 뭐 특별하게 해줘서 잘 하는 게 아니다. 소외되어 외로운 어른들의 말벗이 되어드리는 것이다.

진주가루 크림통에 쓰여진 안내문을 읽다 보니 옛날에 동네 골목길을 북치며 다니던 동동구리무 장수가 생각난다.

둥, 둥, 둥, 북을 치고 다니면 동네 처녀들과 젊은 아낙들이 모였다. 찍어 바르고 냄새맡아 보고 수줍어하던 막내 고모 모습이 아련하다. 지금이야 기능성 어쩌고 하면서 별의별 종류가 많지만 전에는 없었다.

동동구리무 한 통이면 다 해결되던 시절이었다. '영양크림' 통을 보면서 그 영감님 마음을 읽는다. 정으로 흐르는 감사의 뜻, 얼마나 향기로운 선물인가. 이제 새 통을 열어서 얼굴에 발라야겠다.

바야흐로 봄이 아닌가!

다시 돌아가는 곳

"저길 봐, 벌써 나무 잎사구가 나오잖어? 삐죽삐죽 촉이 텄어. 금방 잎사구가 시퍼렇게 피겠구먼."

"빠르네, 개나리도 노랗게 피려고 하네."

남산 산책로에서 만난 두 할머니의 대화내용이다. 칠순을 훨씬 넘긴 할머니들께서 숲을 보며 이야기하신다. 나무등걸의 골처럼 얼굴 주름이 굵다. 그러나 표정과 말씨가 아이처럼 환하다.

"우리가 살아서는 저 나무들이 주는 것을 먹고 살지. 우리가 자연을 먹고 산다는 그말여! 우리가 죽으면 자연이 또 우릴 먹고 살고."

"땅속으로 묻히면 그럴 테지."

앞서가는 두 분의 대화를 들으니 가슴이 찡하다. 이제 자연으로 돌아갈 날이 멀지 않았기 때문이다. 당신의 몸을 땅에 묻어 자연을 먹여 살린다는 그 말에 고개가 숙여진다. 그 자연을 먹고 후손이 살아왔고 살아갈 것이다.

나무등걸처럼 주름진 얼굴, 그 주름 속에는 얼마나 많은 사연이 쓰여 있을지, 다 놓고 가야 하는 나이에서 자연을 보면서 느끼는 감회를 누가 알랴.

어렸을 적에 골목에서 소꿉놀이를 했었다. 어스름 해가 저물면 이집 저집 굴뚝에서 연기가 올라왔다. 집집마다 저녁을 짓고 소여물을 삶느라 연기를 올렸다. 골목에서는 공기놀이를 했다. 동무들과 둘러앉아서 공기놀이를 하느라 시간 가는 줄 몰랐다. 아무개야, 아무개야, 어머니들이 아이들의 이름을 불렀다. 그러면 놀던 공깃돌 그대로 버려둔 채 집으로 갔다.

남아 있던 동무들은 앞서거니 뒤서거니 그렇게 들어갔고, 골목은 아이들의 웃음소리와 앉아 있던 자리의 흔적만 남았다. 내일을 기약하고 각자 집으로 들어가서 저녁을 먹고 단잠을 잔다.

그러나 내일 다시 공기놀이를 할지 못할지 아무도 모른다. 오늘은 오늘로 그렇게 끝이 난 것이다.

죽음이란 골목에서 놀다가 어머니가 부르면 집으로 들어가는 것, 그런 것이라고 생각한다.

내가 갖고 있는 것, 누리던 것, 아무 것도 들고 가지 못하고 그대로 다 놔두고 가는 게 죽음이 아닐까.

두 할머니를 보면서 쓸쓸하기는 하였지만 담담하게 주고받는 모습에서 정말 평화로운 평화를 읽었다. 세상에 대한 미련이나 욕심을 다 비운 대화를 들으며 숙연해졌다.

죽음이 두렵거나 아쉬움이 아니라 다시 돌려준다니
얼마나 경이로운가.

꽃가마 속에도 슬픔이 한 가마

"주자천님은 참 행복하고 즐겁게 사시는 것 같아요."

"그럼요. 행복하지요."

"부럽습니다. 늘 환하게 사는 모습이."

주변에서 자주 듣는 말이다. 나는 그 말에 늘 웃으면서 대답한다.

"살아 있으니 신나잖아요."

역사소설을 쓰시는 유현종 선생은 가끔 말씀하셨다.

"꽃가마 속에도 슬픔이 한 가마 있는게여."

세상에 부러울 것 없어 보이는 사람에게도 열어보면 한두 개의 슬픔이나 근심거리가 있다는 말이다. 살아가면서 유 선생님의 말이 종종 생각난다. 어쩌면 사람들이 부러워하는 자신을 빗대서 한 말일 수도 있다.

아주 오래 전에 읽은 동화책이라서 제목도 기억나지 않는다. 대충 짐작으로 열 살 무렵쯤 읽었지 싶다. 세월이 한참 멀리 와 있지만 지금도 그 내용이 생생하게 남아 있다. 뭔가 문제가 생기고 어떤 어려운 상황을 보게 되면 떠오른다.

아주 오래 전에 어느 나라에서 생긴 일이다.

임금님이 중병에 걸렸다. 나라에 방을 붙여서 온갖 명약을 다 썼지만 효험이 없었다. 병세는 날로 더 심해가고 나라에서는 많은 상금을 걸고 약을 찾았다. 신하들도 많은 상금이 탐이 나서 국정을 밀쳐두고 나라를 뒤지고 다녔다.

그러다 임금님 꿈에 산신령이 나타나서 약을 알려줬다. 세상에서 근심걱정 없는 사람의 속내의를 빌려 입으면 낫는다고 했다. 어느 고을에 근심걱정 없이 행복하게 사는 사람이 있다고 하여 찾아가면 아들이 아퍼서, 아니면 본인이 뭐가 부족하여 … 등등, 어느 것 한 가지씩은 걱정거리가 있었다.

결국 임금을 살릴 속내의는 찾을 수 없게 되었고, 임금님은 더더욱 상태가 나빠졌다. 그런데 바로 그즈음 어느 신하가 아주 깊고 깊은 산골에서 하룻밤 잠을 자게 되었다.

여기 저기 다니느라 지치고 날도 어두워져서 할 수 없이 고을에 나갈 수가 없게 되었다. 산속 외딴집에 들어가서 하룻밤 잠을 청하니 주인장이 그러라고 하며 흔쾌히 받아들였다.

두 노인네가 살고 있는 집은 겨우 잠만 잘 수 있는 방 한 칸과 부엌, 세간살이도 아무 것도 없었다. 겨우 바람과 비를 피할 수 있을 정도의 낡은 초가집이었다. 저녁이라고 차려 나오는데 보리밥에 김치, 된장찌개가 전부였지만 하루 종일 헤매고 다닌 신하는 꿀맛처럼 맛있게 먹었다.

도란도란 한방에서 이야기를 나누었다. 너무나 다정하고 행복해하는 두 노인을 보고 신하가 물었다.

"노인장, 노인장께서는 무엇이 부족합니까?"

"뭐 부족한 게 아무 것도 없습니다."

"그래도 이런 산속에서 살다 보면 근심거리가 있을 만한데요. 아무런 근심걱정이 없으십니까?"

"이 나이까지 건강하게 살았고 밥걱정 하지 않고 할멈과 등 기대고 살고 있으니 뭔 근심걱정이 있단 말이오."

그 말을 들은 신하는 옳다! 바로 이 노인장의 속내의를 얻어가면 되겠구나 싶었다. 그래서 자초지종을 이야기하며 노인의 속내의를 벗어주십사 하고 부탁을 했다.

가만히 이야기를 듣고 있던 노인장은 빙그레 웃으면서 겉옷을 들쳐보였다. 당연히 보여야 할 속내의가 없었다.

"아니 노인장, 속내의를 입지 않으셨군요?"

"나는 평생 속내의를 입지 않고 살았답니다."

"아니, 그럼 …."

"속내의가 없어서 근심이 될 줄은 몰랐구려. 어쩌면 좋소. 내가 속내의가 없어서 임금님 병을 고칠 수 없게 되었으니 정말 근심이오."

세상에 근심걱정이 없는 사람이 있겠는가. 물론 크고 작은 정도의 차이는 있겠지만 나름대로 근심거리가 있기 마련이다.

저 사람은 무슨 복이 많아서 저렇게 행복할까.

이것 저것 다 갖추고 사는 것처럼 보이지만 속내를 들여다 보면 아닐 것이다. 다른 사람이 보면 행복일망정 본인은 그것이 근심일 수도 있기 때문이다. 우리 어머니는 그런 경우에 이렇게 말씀하셨다.

별 떡은 있어도 별 사람은 없느니라.

아무 것도 아니더라

메모지와 펜을 달라고 해서 드렸다. 홀로 오셔서 늦은 점심을 드신 칠순의 할아버지. 다시 당신의 자리로 가시더니 벽에 붙은 시를 읽으신다.

"저 시가 좋아서 내가 적어가려고 그러오."

"정말 좋으세요?"

"꼭 내 마음 같소."

정말 한평생을 산다는 게 쉬운 것은 아니다. 그렇다고 별난 것도 아니라는 생각이 언제부턴가 들었다. 그러다 정말 잠시 머물다 지는 이슬이라는 생각이 굳어졌다.

평생 잡고 있을 것 같은 목숨줄, 삭기도 하고 뭔가에 걸려서 끊어지기도 한다.

내가 시집 한 권을 꺼내놓고 성함을 물었다.

"제 시인데 좋으시다고 하니 감사하지요. 선물로 드리고 싶어서요."

한참 내 얼굴을 바라본다. 설마 이 집 쥔이 쓴 시라고는 생각을 못하셨는지 다시 내 것이냐고 물으신다.

또박또박 성함을 쓰고, 고마운 인사와 함께 시집을 드렸다. 책은 그냥 받으면 안 된다며 책값을 내시겠다고 고집이시다. 둘이서 한참을 실랑이했다. 그럼 잔돈이 4천 원 있으니 이거라도 받으라고 주신다. 책값으로 계산할 수 없는 마음을 받았는데 한사코 주신다. 더 거절하면 그분의 마음이 상할 것 같아서 받았다.

가끔 손님 중에 공감하는 부분이 많다고, 내 심정과 같다고 하시는 분이 더러 있다. 나이가 지긋하신 분들이 자신의 삶을 돌아보며 말씀하신다. 개중에는 젊은이가 관심(?)을 보일 때도 있다.

세월을 살아낸 뒤에 느끼는, 깨닫는 ….

허전할 수도 있고 담담할 수도 있을 것이다.

"하, 이거 참, 이런 귀한 선물을 받았으니 종종 오리다. 내가 저 윗 건물에 있다오."

내가 첫 시집을 낼 때 쓴 서시다.

아무 것도
아니더라
잡고 있던

무명실 한 가닥
손에서 놓아버리니
그뿐인 것을
파계(破契)
그 무덤 속에
누워보니
참으로 편안해라.

뇌신시대

"정말 잘 참으시네요."

한두 번 듣는 칭찬이 아니다. 위내시경 할 때마다 의사와 간호사가 이구동성으로 하는 감탄이다.

난들 왜 고통스럽지 않으랴. 그러나 죽을 용을 쓰면서 참는다. 그래야 빨리 끝나기 때문이다.

바스락, 윽윽 … 거리면 시간 더 걸리고 검사 제대로 못하고, 그러니 참는다. 눈물에 콧물에 입안에서 줄줄 흘러내리는 침까지, 참 보기 딱한 풍경이다.

그동안 소화기 계통은 정말 건강하다고 큰소리를 쳤었는데 탈이 났다. 새벽이면 속이 쓰리고 아팠다. 처음에는 잠깐잠깐 새벽녘 공복에 쓰라렸는데 시간이 지나면서 낮에도 그 아픔이 계속되었고 통증이 강해졌다. 내시경 검사 해본 지도 몇 년이 지났고, 이참에 다시 검사를 하기로 했다. 벼르면 못할 것 같아서 무조건 병원예약을 해버렸다.

모르면 약이라지만 과정을 알고서 하려니 슬슬 두렵기도 했다. 어차피 겪을 것, 꾹 참고 검사를 잘 마쳤다.

예전에 어머니는 속이 아프시거나 머리가 아플 때면 흰 가루약을 드셨다. '뇌신' 흰 봉투를 열고 입안에 털어넣는 가루약, 물을 입안에 가득 머금고서 우루룩우루룩 거리면서 입안에 달라붙은 가루를 다 헹궈 마셨다.

요즘엔 두통약도 수십 가지, 배가 아플 때 먹는 약도 종류가 너무 많다. 그러나 예전에는 약의 가짓수가 별로 없었다. 그 '뇌신'은 두루두루 사용되는 약이었다.

소화가 안 되거나 더부룩하면 손바닥으로 쓸어내리거나 쿵쿵 가슴을 주먹으로 치면서 답답한 속을 달래었다. 정 못 견디겠다 싶으면 약방에서 사다둔 '뇌신'을 장농서랍에서 꺼내셨다.

하얀 분말가루, 우리네 어머니 세대는 뇌신과 함께 했다.

내시경 검사를 마치고 집에 와서 죽을 먹었다. 그리고 약봉지를 꺼냈다. 흰 봉투 안에 알약이 두 개 들어 있다. 분말가루는 없다.

어머니를 그리면 떠오르는 풍경 중에 '뇌신'을 드시던 모습, 고개를 뒤로 젖히고 탈탈 털어넣던 가루약, 그리고 냉수 한 컵, 입 주위에 묻은 가루약을 쓸어내던 어머니의 손가락이 보인다. 세월이 흘러흘러 기억 속의 어머니 모습이 바로 내 모습이다.

꿀맛

경동시장을 한 바퀴 돌아왔다. 엊그제 우수 지났고 경칩이 등 뒤에 와 있다. 벌써 봄나물이 지천으로 나와 있고 사람들의 말소리도 물이 올랐다.

수북수북 쌓인 봄나물, 아랫녘 봄이 시장판에 그득하다.

인삼가게 들러서 수삼도 한 채 사고, 대추도 두 되 사고, 육수 낼 다시마도 두 뭉치를 샀더니 한 짐이다. 표고버섯과 단호박 다섯 망태기, 다 배달을 시켰지만 올망졸망 자잘한 물건이 베낭과 양 손에 무겁다.

경동시장에 올 때마다 빼먹지 않고 들리는 집, 푸줏간 김씨네 집, 부안댁이 화사하게 맞아준다.

"옴마, 나오셨능게라?"

"제육볶음 썰어주세요."

"어떤 놈으로 드릴까?"

"돼지더러 물어봐요. 맛난 놈이 알아서 저울에 올라가라고 …."

"호호호 …. 그럼 되겠구먼요."

유쾌한 농담을 주고받으면서 연신 손길은 바쁘게 움직인다.

새벽부터 시장에 나오는데 화장도 이쁘게 하고 있다. 새빨간 립스틱을 곱게 바르고 얼굴에 분발도 뽀샤샤하게 발랐다. 늘 밝고 화사한 웃음, 큼지막한 도마에다 턱 고깃덩이를 올린다.

매번 바라봐도 예술이다.

칼질 솜씨가 리듬을 타고 울린다.

하루 종일 칼질 하려면 얼마나 팔이 아플까. 물론 기계로 썰기도 하지만 대부분 직접 썰 때가 많다. 슥슥 … 칼질을 오래 하다 보니 힘이 아닌 요령이 생겼다고 한다. 그러나 중노동임에는 틀림이 없다. 그런 중노동을 하면서도 부안댁은 늘 환하게 웃는다. 참 이쁘다.

재래시장에 가면 사람 사는 것 같다. 장사가 잘 되든 안 되든 숨을 쉰다. 값을 깎고 더 부르고 서로 티격대는 모습도 싱싱하다. 다리품을 팔다 보면 얻는 게 참 많다.

전화 한 통이면 득달같이 배달을 해준다. 그러나 난 일 주일에 두어 번 경동시장에 간다. 살아 있는 사람을 만나서 살아 숨쉬는 공기를 함께 마신다. 내 몸에 봄기운처럼 신선한 기운이 스민다.

저녁식탁에 맛난 제육볶음이 차려졌다. 상추도 한 소쿠리 씻어왔고, 우리 가게 식구들과 나누는 만찬이다. 냄비에다 금세 지은 고슬고슬한 쌀밥, 그 귀한 쌀밥을 매일 먹다니 … 다들 말수가 적어서 조용한 저녁밥상이다.

"늬들 싸웠냐?"

가끔 내가 너무 조용한 밥상머리에서 한 잔소리 던지면

"네 … "

서로 쳐다보며 베시시 웃는다. 그러고는 다시 조용하다. 머리 맞대고 꿀맛처럼 달디 단 밥을 먹는다는 게 얼마나 행복한가. 힘들게 일하고서 먹는 밥은 정말 꿀맛이다. 평생에 입맛 없다는 말을 이해하지 못하고 산다.

"야, 내 입은 왜 맨날 꿀맛이냐?"

향기로운 사람

"더덕씨앗 뿌렸어요?"

"안즉 …. 더 있어야지."

"왜요? 지금 파종을 해야지요. 아파트 따뜻한데 심어도 되요."

"참, 그렇겠네. 이번 주에는 꼭 심어야겠어."

아침에 야채가게 아저씨가 주문한 야채를 오토바이에 싣고 왔다. 오면 이것저것 안부를 서로 챙기고 가끔은 커피도 한잔 마시고 간다.

그 아저씨는 등산을 좋아해서 매주 산에 간다. 작년에 산에 갔다가 더덕씨앗을 많이 받아왔다며 가져다 주었었다. 가게 큰 화분에 심어두면 넝쿨도 이쁘지만 향기가 좋다고.

"그러다가 더덕죽 쑤라고 하면 어쩌게?"

"그럼 더덕죽 개발해서 쑤시면 되지요."

작년 이른 봄에는 산에서 잘라왔다고 두릅나무를 들고 왔다.

꺾꽂이를 하면 살 거라고 가시가 붙어 있는 두릅나무를 세 개 들고 와서 심어줬다. 화분에 물을 주고 거름도 주고 했지만 나무는 뿌리를 내리지 못하고 죽었다.

"우리 엄니가 그러는데요, 두릅나무를 물에다 담가두면 뿌리가 실처럼 내린대요. 한 뼘 정도 자라면 그때 화분에 심어야 한다는데 제가 몰랐지 뭡니까."

물건만 덜렁 내려주고 가는 게 대부분인데 저 아저씨는 한 번도 그냥 가지 않는다. "충성" 거수경례를 하면서 들어온다. 들어와서는 언제나 같은 수순이다.

쓸데없는 참견도 하고 5분 정도는 머물다 간다. 등산 다녀온 이야기, 친구 이야기, 홀어머니 이야기, 가게 쥔 이야기 ….

묻지도 않았는데 미주알고주알 이야기를 한다. 남대문시장 안 돌아가는 일들을 중계해 주는 셈이다. 들어주면서 맞장구도 쳐주고 가끔은 퉁박도 주고 소탈한 사람이다.

더덕씨앗은 너무 작아서 잘 보이지도 않는다. 새까맣게 쏟아지는 더덕씨앗, 다시 통에 담았다. 저 작은 씨앗에서 싹이 나고, 꽃이 피고, 뿌리가 여문다. 더덕은 알아도 더덕꽃은 대부분 잘 모른다. 보라색으로 피는 더덕꽃도 향기만큼 곱다.

잊지 말고 집에 가져가야겠다. 아파트 발코니 빈 화분에 흙을 채워서 씨를 뿌려야지. 모종이 나오면 화분에 나눠 심어서 가게에 가져다 놔야지. 올봄에는 새싹이 나고 그 넝쿨에 지줏대를 세우고 지줏대를 휘감고 올라가는 더덕넝쿨을 보면서 여름을 기다리겠지.

아파트 발코니에서 더덕향기가 난다는 상상을 해본다.

창문을 열면 코끝을 톡, 치듯 향기가 돌아오겠지. 가게 안에 더덕향기가 날 테고, 우리 집에 오는 손님들도 잠시 기분 좋을 꺼야.

산에서 가끔 더덕향기가 날 때가 있다. 지나가고 나면 뒤에서 향기가 난다. 바로 곁에서는 잘 나지 않던 향기가 지나면 풍긴다. 바람결에 더덕향기가 스치면 얼마나 향이 좋은지 ….

은은한 향기가 나는 사람이 그립다.

세월 흘러 지나간 뒤에 아련하게 그리운 사람,

야채가게 아저씨가 그런 사람 아닐까!

보통 할아버지

영화 「실미도」가 상영되고 나서 북파공작원에 대해서 관심이 몰렸다. 빨갱이 때려잡자고 포스터가 나붙던 시절에는 감히 입 밖에 낼 수가 없었다. 여차하면 쥐도 새도 모르게 북망산천 떠도는 원혼(怨魂)이 되기 십상이다. 북파공작원이 있을 것이란 생각도 못했었다.

지금 생각하면 정말 미련도 아니고 너무나 한심하게 사육되던 시절이다. 국민학교에 입학하면서 반공, 멸공 …. 사상이 뭔지 모르고 사상을 주입받았다. 미술시간에 가장 많이 그린 게 반공 포스터이고 글짓기 시간도 마찬가지였다. 하기사 그 덕에 24색 왕자표 크레파스를 부상으로 받아 쓰기도 했다.

실미도 영화에서 보면 인간말종만 차출되어서 간 것으로 되었다. 깨끗한(?) 군인들이 뒤에 들고 일어나기도 했었고 그 덮혔던 껍질이 벗겨지면서 우리는 알지도 듣지도 못했던 실상을 알게 되었다. 물론 일부를 전해들었다는 것이지 세세한 것이야 짐작도 어렵겠다.

해군 U.D.T.가 특수부대라는 것은 아는 사람은 안다. 물론 영화 때문에 많은 홍보가 된 것도 사실이다. 언젠가 연예인 아무개가 저 부대 출신이라고 티브이에서 소개되었었다. 이름은 잘 모르겠고 이마에 까만 점이 크게 박혀 있는 사내다.

U.D.U. 그리고 U.D.T. 무엇의 약자인지도 모른다. 그저 고유명사처럼 그리 불러대니 나도 그리 부르고 쓴다. 아는 것이라고는 U.D.U는 U.D.T에서 가려뽑은 부대원이다. 그 정도의 언급에서도 어떤 훈련을 받았을지 또 대충 짐작이다.

"얼굴 잊을까봐서 왔습니다."

내가 아는 U.D.U. 출신은 여느 할아버지와 똑같다. 늦게 시집보낸 딸내미의 외손녀를 보는 즐거움에 새로운 삶을 사는 것 같다.

"난 손주가 이렇게 이쁜 줄 몰랐어요. 환장하게 이뻐요."

백팔십의 거구 할아버지가 손녀 이야기할 때의 표정은 아이다. 하루도 못 보면 살 수 없을 것 같이 이쁘다고 매일 퇴근길에 딸네 집을 거쳐서 당신 집으로 들어간다고 ….

"이제는 우리의 목소리를 낼 수 있어서 다행입니다. 애비가 공작원 출신인 것을 몰랐었지요. 말할 수가 없었으니 …."

"그런 게 있는 줄도 몰랐지요. 우리는,"

세상이 좋아져서 나라에서 보상금도 받았고 공로도 인정받았고, 그래서 연금도 받을 수 있게 되었다고, 쉬쉬하면서 살았던 게 불과 몇 년 전이다.

군대를 예편하고서 취직도 했다. 대기업 부장의 자리를 지키는 前북파공작원! 그 공작원과 나란히 앉아서 커피를 마실 수 있는 세상이다.

힘든 훈련을 겪은 이야기를 지금은 웃으면서 하지만 당시에는 죽고 사는 문제였고, 떠올리기도 무서운 훈련이었다지만 역사는 그저 역사의 한쪽을 만들고 흘러갔다.

"이제 보통 할아버지로 살고 있으니 복이지요."

"건강하게, 즐겁게 그렇게 오래 사셔야지요."

"네, 고맙습니다."

하얗게 센 머리가 석양에 빛난다.

꽃상여 가던 길

"萬松, 안에 계신가?"

할아버지 친구분들은 사랑채 앞에서 헛기침을 하셨다. 밖에 벗이 왔음을 알리는 신호다.

흰 두루마기에 갓을 쓰고 지팡이를 짚고 서 계시면 사랑방 문을 활짝 열고서 할아버지는 반갑게 벗을 맞아들이셨다.

일흔일곱에 세상을 떠난 할아버지 할아버지의 벗들이 모여 앉아서 꽃을 만들었다. 친구 상여를 꾸밀 하얀 꽃을 만드시면서 먼저 간 벗을 그리며 옛이야기를 나누었는데 기억 속에서 그 벗들은 울지도 않았고 웃지도 않았다. 담담한 모습으로 선비의 체통을 유지하시고 꽃만들기에 열중하셨다.

양조장집 할아버지와 한의원 할아버지가 자주 오셨다. 한지에 붓으로 시조의 가사를 적어서 높낮이와 강약을 기호처럼 표시를 해왔다. 장죽을 피워 물고서 세 분 선비는 시조를 읊었었다. 황진이를 처음 알게 된 것이 내 나이 다섯 살 때였다.

정월 열이틀, 할아버지가 돌아가셨다. 사흘 정도 아프셨었고 저녁에 주무시는 듯 명줄을 놓으셨다. 곁에서 아버지와 어머니, 바로 아래 남동생, 그렇게 임종을 지켰다. 내 나이 일곱 살, 동생이 다섯 살이었다.

다음날 새벽 미적동 고모집에 부고를 내가 들고 갔다. 바람 불고 눈보라가 치는 추운 날 5리를 걸어갔다. 고모는 아버지의 편지를 읽자마자 금세 눈물바람이 되었다. 고모님 일곱 분과 작은 아버지 두 분, 그리고 아버지, 십남매다.

마당에 차일이 쳐지고 음식장만 하느라 골목까지 기름냄새가 풍겼다. 마당에 연탄난로를 군데군데 두고 한쪽에는 장작불을 피웠다. 문고리를 잡으면 쩍쩍 소리를 내며 달라붙었다. 정말 무지하게 추웠었다.

"늬이 할아버지만큼만 살아도 괜찮지."

아버지는 예순일곱, 할아버지보다 꼭 10년을 일찍 가셨다. 아버지의 꽃상여는 아버지의 제자들이 만들었다. 제자라고 해야 대여섯 살 아래의 제자들도 많았다. 선생님 갑자기 떠나셔서 황망하다고 농사짓는 김씨 아저씨가 제일 울었다.

아버지와 남동생이 낙엽송 묘목을 수만 주 심었다. 비조재 선산은 그 낙엽송으로 울울창창 하늘이 뵈지 않는다.

"나무가 재산이다."

선산을 지키는 낙엽송 자라는 것을 보면서 아버지와 동생은 참 흐뭇해했다. 맨 위쪽에 할아버지와 할머니의 산소가 나란히 있다.

"저 아래는 나와 니 엄마가 누울 곳이다."

아버지는 당신의 터를 다져놓으시고 편안해 하셨다.

비조재 선산을 올라가는 길이 좁고 험하다. 숲도 우거지고 칡덩굴에 감긴 산길은 자주 풀을 베어내도 금세 허리까지 자랐다. 그 길을 상여꾼들이 한겨울 땀 흘리며 올라갔다.

음력 정월 할아버지의 만장이 수십 개 펄럭이며 갔고, 앞소리꾼의 슬픈 가락에 맞춰 동짓달 초하루 아버지의 상여가 뒤따라 갔다.

정월 열하루, 할아버지의 기일이다. 아버지 가시고 할아버지의 기일에 바로 아래 남동생이 제주가 되었다. 아버지 하던 대로 동생은 잔을 올렸고 다른 가족은 경건한 모습으로 지켜봤다. 잔을 올리던 동생의 몫, 올해 중학교 1학년짜리 아들로 넘어갔다.

6년 전 5월, 진달래가 환장하게 피고 지던 날, 비조재 산길을 또 하나의 상여가 올라갔다. 마흔 일곱, 아버지보다 꼭 20년을 빨리 동생은 그 길을 갔다.

할아버지 때는 친구들이 꽃을 만들었지만 동생 친구들은 꽃은 만들지 않았다. 대신 고모가 울었던 것처럼 중년의 친구들은 눈물범벅이 되어서 상여를 매고 갔다. 3대가 나란히 같은 길을 꽃상여에 실려서 떠났다.

삼만 육천 원짜리 양심

"그거 법인카드지?"

"아냐, 내 개인카드야. 순전히 개인적인 지출인데 내 카드를 써야지 회사 것을 쓰면 되나."

"점심값 많이 쓰게 해서 미안하구먼."

남자 분 넷이서 점심을 함께 먹는다. 오랫만에 만난 사이인지 안부를 물어가며 즐거운 웃음소리도 크다. 서로 내겠다고 실랑이를 벌이다가 결국은 한 사람이 냈다. 우리나라에서만 보는 풍경이 아니겠는가.

지금 젊은이들은 각자 계산을 따로 한다. 함께 먹어도 계산대에서는 자기 것만 계산을 한다. 참 정확하기도 하구나. 한편으로는 젊은이들이 옳구나 싶기도 하다. 어쩔 수 없이 체면에 많은 비용을 지출하는 일이 더러 있지 않은가.

각자의 자기 몫 계산이 다 좋은 것은 아니다. 나이든 기성세대는 서로 내려고 한다. 그것이 진심이든 아니든 일단은 먼저 내려고 실랑이를 버린다. 그러다 못 이기는 척 뒤로 물러나

기 마련이다.

가끔 개인의 식대를 회사 법인카드로 사용하는 고객이 있다. 내 돈이 아까우면 남의 돈도 아까운 것이다. 그런데 남의 돈을 전혀 아깝지 않게 쓰는 사람이 있다. 공과 사를 정확하게 구별하는 사람을 보니 참 반갑다.

네 사람 점심값이 3만 6천 원 나왔다. 물론 점심값으로 적은 액수가 결코 아니다. 간단하게 먹으면 이삼천 원으로도 해결할 수 있다. 늘 그렇게 비싼 값을 내고 먹는 것은 아니지만.

일행이 밖으로 나가자 그 남자분이 카드전표를 꺼낸다.

"이것 취소해 주시고 이 카드로 해주세요."

조금 전 개인카드 전표를 취소하고 법인카드로 정정해 달라는 요청이다.

아뿔사! 이럴 수도 있구나. 일행 앞에서는 폼나게 인심도 썼는데 돌아서서는 전혀 다르다. 자기 카드는 다시 꺼내서 취소를 한다. 굳이 이렇게 치사한 생색을 내야 될까.

창밖에 비치는 햇살은 화사한데 오한이 든다.

사돈과 「雪國」

"긴 터널을 지나자 눈 세상이 나왔습니다."

"설국, 그 소설 말씀이신가요?"

"역시 사돈 처녀는 책을 많이 읽으셨군요."

삼십 년도 훨씬 더 전의 이야기다. 막내 고모님의 시동생 되시는 분과 우연히 버스에서 만났다. 그때 그 시동생은 사법고시를 통과한 무서운(!) 분이었다.

최종학력은 시골에 있는 작은 고등공민학교 졸업이 전부였다. 그래서 그 학교를 나오면 검정고시를 치러서 고등학교에 진학을 했었다. 지금은 그 학교가 정식 중학교가 되었고 고등학교도 설립이 되었다.

최고학부를 나오지도 않았고 가정형편이 넉넉하지도 못했다. 그런데다가 그 시동생은 얼굴이 심하게 얽었다. 흔히 말하는 곰보였다. 곰보가 사법고시에 합격된 예가 있는지 어쩐지 그건 모르겠지만 그 시동생이 처음이라고 그랬다. 때문에 성형수술을 하겠다는 다짐각서까지 썼다는 후문을 풍문으로 들었다.

성형수술을 한 차례 받았는데 별 효과가 없었다. 여러 번 받아야 한다는데 얼굴이기 때문에 전신마취가 안 된단다. 그러면 피부색이 손상되기 때문에 더 큰 부작용이 초래된다며 한 차례의 얼굴 깎기 수술을 받은 그 시동생, 두 번은 하지 않았다. 죽으면 죽었지 판검사 하지 않으면 안 했지 끔찍한 고통은 더 못 견디겠다고 ….

결국 한 번의 수술로 끝났고, 처음보다 크게 달라지지 않았다. 그 시동생은 내 아버지의 제자이기도 했다. 집안의 내림이 유학자 집안이고 형제들의 성품이 올곧다며 그 집 큰아들에게 아버지는 막내 고모를 시집보냈다.

그날 버스 안에서 나란히 앉아서 「설국」 이야기를 했다. 나이 차이도 있었고 또 사돈이라는 어색함과 불편함, 그랬었다. 국민학교 한참 선배가 되는 그 시동생은 내게 깍듯이 존대말을 썼다. 우린 어려운 사돈관계이기 때문이었다.

지금은 직통터널이 뚫려서 길이 좋아졌지만 예전의 곰티재는 꾸불꾸불 구곡양장이 울다 갈 만큼 험하고 좁았다. 전주에서 진안을 가는 곰티재, 버스사고가 났다 하면 대형사고였다.

해발 1,000미터가 넘는 고원지대, 그 산꼭대기에서 아래 계곡을 내려다 보면 아찔한 현기증이 났다.

정말 오금이 저렸었다.

겨울이었는데 눈이 엄청 왔었다.

버스가 엉금엉금 기면서 고개를 넘어갔다.

그해 일본의 소설가 가와바다 야스나리가 쓴 「설국」이 노벨 문학상을 탔다. 지금과 달라서 언론매체가 널리 퍼진 것도 아니고 라디오와 신문, 월간잡지에서 만나는 작가와 작품들, 그때는 그런 시절이었다.

흑백 티브이의 시절이었으니 모든 게 좁고 귀했다. 「설국」은 손에서 손으로 빌려가고 빌려오고 그렇게 나도 「설국」을 읽었다. 그 사돈은 막 읽은 「설국」을 이야기하고 싶었는데 다행히 내가 읽었으니 대화가 그런 대로 잘 풀렸었고, 사돈이라는 어색함을 덜어낼 수 있었다.

내가 그 사돈을 최근 만난 게 작년 겨울이었다. 막내 고모부의 장례식장에서였다. 육십이 훨씬 넘은 그 사돈은 많이 초췌해 있었다.

"형님 보내시고 많이 서운하시지요?"

위로랍시고 내가 사돈에게 인사를 건넸다.

"아무렴 저녀석들만 하겠어요."

남아 있는 고모부의 자식들을 쳐다보며 허허롭게 웃는다.

오늘 아침 눈이 많이 내렸다. 눈덮힌 산을 보고 싶어서 일부러 버스 바꿔타고 남산을 돌았다. 온통 하얗게 덮힌 남산을 보면서 문득 「설국」이 생각났다.

눈 쌓인 숲 사이로 갈색 나뭇가지가 얽혀 있다.
주름살과 하나가 된 사돈의 곰보자국이 선명하게 떠오른다.

바람소리

“내가 전화를 한 것은 다름이 아니라 바람소리 들려주려고 했어. 지금 이곳 바닷바람이 굉장하거든. 처마 차양이 날아갈 것 같아서 잡아맸지.”

“여기도 바람 많이 불어요. 바닷가니 더 불겠지요.”

“자, 들리나? 차양이 펄럭이는 소리가 날 텐데 ⋯.”

유감스럽게도 전화기 속에서는 아무 소리도 들리지 않았다. 한참을 가만히 귀에 대고 소리를 찾아도 소리는 없다.

“아하, 바람소리 때문만이 아니고 빅 뉴스가 있지.”

“빅 뉴스라면 선배님 동네 이장에 당선되셨나요?”

“자네도 한번 가봤지? 우리 집 오는 길에 바다가 마당인 젊은 친구네 집. 그 친구가 산에서 꿩을 잡아왔어.”

선배는 젊은 친구한테서 꿩을 샀단다. 딱 이틀만 데리고 살고 싶어서 감나무에 매어뒀단다. 아플까봐 살짝 묶어뒀더니 지난밤에 녀석이 도망을 갔단다.

“어차피 풀어주려고 샀는데 녀석이 도망을 쳤어.”

"이그 전 꿩만두 해드시는 줄 알았잖아요."

"산에서 놀던 녀석을 어떻게 먹어. 잡아먹는다고 해서 돈 주고 샀는데."

저 양반 저래서 멋지다.

집 뒤에 둥글게 산이 있는데 그 산에서 내려온 꿩이 운수 사납게 잡혔다. 털빛도 고운 장끼였는데 하루만 더 있다 가지 하고 아쉬워한다.

꿩과 함께 이틀을 즐겁게 살고저 했는데 그 애틋한 마음을 꿩이 알 리가 있나. 목숨이 경각에 달렸던 꿩은 느슨하게 매인 끈에서 발목을 빼고 달아났다.

지금쯤 그 꿩은 가슴을 쓸어내리고 있겠지.

"뒷산에서 날아왔으면 또 오겠지요?"

"그럼, 뒷산에 꿩이 많아. 산 아래 내려왔다가 잡힌 거지."

선배가 지난 여름에 집 아래 잡풀 우거진 묵정밭을 다듬었다. 풀섶에 꿩 둥지가 있을 줄을 몰랐다. 후두둑, 꿩이 날아가고 그 안에 꿩이 품고 있던 알이 4개 있었다. 아차 싶어서 베어내던 풀을 그냥 덮어두고 왔다. 어미가 알을 품으러 다시 오려니 하고 몇 날을 기다렸는데 오지 않았다. 그 꿩한테 지금도 미안해 하신다.

자연보호를 외치는 사람도 많다. 보이기 생색과 겉치레 자연보호주의자가 많다. 진정 무엇이 자연을 사랑하고 생명을 귀하게 여기는 것일까.

꿩 한 마리에 뭔 그리 큰 의미를 부여하냐고 할 수도 있다. 크고 거창한 구호나 눈에 띄고 싶어하는 일부 인사들이 순수한 선배 이야기 중간에 왜 떠오르는지 모르겠다.

전화를 끊고 나니 바람소리가 들린다.

틀림없다.

순천만에 불던 그 바람이 왔다.

인연

“설은 어디서 쇠셨어요?”

“부산 아들네 다녀왔다.”

“건강은 어떠시구요?”

“그럭저럭 견딜 만하다.”

“교정봐야 되는데 언제고 기별하세요. 평일은 어렵고 일요일에 갈게요.”

“그래라, 고맙다.”

‘550산행기’를 준비하고 있는데 연말까지 내려면 할 게 너무 많다면서 지금도 책상에서 원고 정리중이라고 했다. 연세가 80세이던가? 아마 그쯤 되셨다. 『한국 400산행기』을 엮어내고 다시 ‘550산행기’를 준비중이다. 그 연세에 돋보기도 쓰지 않으신다. 깨알처럼 잔 글씨 연필글씨로 빽빽하게 메모해 둔 원고를 보면 놀랍다.

교정본답시고 새파란 나는 콧잔등에 돋보기를 척 걸치고 들여다 본다. 그러다 보면 그때는 정말 민망스럽다. 어쩌랴, 안 뵈는 것을 돋보기 신세 질 수밖에 없지 않은가.

“거의 원고는 다 됐는데 그래도 할 게 너무 많다.”

“무리하지 마시고 쉬엄쉬엄 하세요. 그리고 산책은 하시지요?”

산에는 이제 못 가신다. 작년에 쓰러지시고는 등산은 가실 수가 없게 되었다. 운동 삼아 동네 아파트 산책로를 걷는 것, 그게 전부다. 얼마나 마음이 허허롭고 힘드실까, 짐작만 해본다.

산꾼, 김형수 선생님!

내가 저 어른을 만난 게 올해로 꼭 30년 전이다. 전북 진안에 있는 구봉산을 홀로 다녀오시는 길이었다. 한여름, 지독한 땀냄새가 지금도 남아 있다.

“내한테 땀냄새 많이 나지요?”

첫 인사를 그렇게 건네주셨다.

그때는 저 어른이 서울시청에 근무하셨다. 서울시청 등산모임을 만드셨고 많은 산을 인솔해서 다녔다. 그 뒤로 용산구청과 성북구청에서 근무하면서 등산모임을 만들었다. 지금은 그 모임이 아주 탄탄하게 자리를 잡아서 잘 되어가고 있다. 산꾼들 사이에서는 전설 같은 어른이다.

저 어른의 회갑에 『222산행기』라는 책을 출간했는데 출판기념회를 겸했다. 용산의 모 호텔에서 기념식을 했는데 그때 나를 무대로 불렀다.

"여기 이 친구가 여러분들이 궁금해 하던 그 여성입니다."

혹시 비밀리에 숨겨둔 여인이 아닐까? 주변에서 오해를 하는 사람들이 있었단다. 그날 사연이 공개되고 그 자리는 한바탕 웃음바다가 되었다.

"선생님, 우리 30주년 되는 7월에 기념식 하기로 했지요?"

"그래야지, 벌써 그리 되었나?"

작년에 29년 되었다고 하면서 내년을 기약했었다. 기념식이라는 게 특별할 것은 없고 함께 산행을 하기로 했다. 그랬는데 그 기념식을 할 수가 없게 되었다.

쓸쓸하다.

"니를 메누리 삼았으면 좋겠는데 …."

당신의 장남을 염두에 두고 하신 말씀이었다. 장남을 만난 적도 없었지만 아버지의 심정일 뿐이다. 그 장남을 직접 만난 것이 회갑 때였으니까 오래 뒤 일이다.

선생님이라고 호칭을 하지만 마음 속에서는 아버지다. 아버지가 돌아가시고는 정말 저 어른을 아버지로 여겼다.

"에비는 잘 있나?"

대소사에 초대를 하면 남편과 함께 갔다. 당신 아들 대하듯 각별하게 정을 주셨다.

돌아다 보니 언제 30년이 흘렀을까. 엊그제 같은데 오랜 세월을 살아냈다.

저 어른을 보면 정말 山을 느낀다.

살아 숨쉬는 푸른 산을 본다.

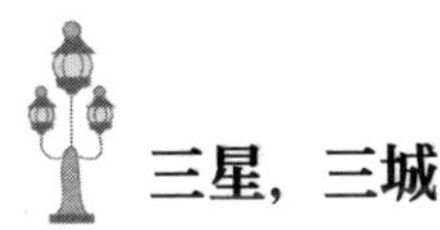

三星, 三城

보고 싶어서도 아니고 건너편이니 늘 본다. 태평로에 있는 '삼성본관'을 벽처럼 보는 것이다. 그러고 보니 '삼성' 대문과 우리 대문이 마주보고 있다.

그 앞에서 거의 매일 시위를 한다. 하청업체가 대부분이다. 일 년 열두 달 매일이다시피 자주 하니 새삼스럽지도 않다. 물론 티브이나 신문에서는 기사를 볼 수가 없다. 어쩌다 간단하게 기사를 다루기는 한다. 일인 시위부터 수백 명의 시위대까지 천차만별이다.

사연이야 들어보면 이 말도 맞고 저 말도 맞다. 뭔 줏대 없는 대답이냐고 하겠지만 정답이다. 사업자 측에서도 합당한 이유가 있고, 하청회사 측도 분명한 억울함이 있다.

"삼성놈들이 젤 고약하다네."

굽이굽이 남도길 돌아가면서 산천에 취해서 몽롱한 그때에 느닷없이 삼성재벌을 휘갈기는 것은 뭔 심사일까. 언젠가 순천

낙안읍성을 가는 길에 선배가 그랬다.

겨울인데도 날씨가 별로 춥지 않았다. 들에는 봄동배추가 파랗게 남아 있고 밭고랑에는 봄나물이 돋아났었다.

지난 가을 뽑다 둔 고추대궁 아래 빨갛게 진 희나리 고추와 어울린 초록색,

정월 대보름 전에 나물국 세 번을 끓여 먹으면 잔병치레를 하지 않는다고 했지.

이른 봄 잔설 아래 묵정밭 둑에서 나물 캐던 어린 계집애가 있었지.

속세를 떠나서 사는 선배가 툭 던지는 말이다.

대기업의 횡포나 비리를 들추는 것도 아니고, 느닷없이 삼성 놈들 인간성을 싸잡아서 일갈이다. 그쪽과는 전혀 무관한 줄 알았는데 저 양반 연결고리가 있나. 하기사 전혀 없을 리는 없을게야. 나이가 있고 산 세월이 있고 사업도 했으니 충분히 그럴 수 있다.

낙안읍성 표지판을 보니 우회전이다. 차를 오른쪽으로 돌려가며 아름다운 금수강산에 취한다. 창문을 여니 싸한 찬바람이 상큼하기 이를 데 없다. 어디 어디 좋다고 해외로 여행을 가는 일이 많지만 우리나라처럼 아름다운 나라도 많지 않다. 오밀조밀 산세도 정겹고 굽이굽이 돌아치는 시냇물은 어떤가.

볼품없다고 눈길도 주지 않는 들풀과 들꽃은 얼마나 고운가. 사람의 손이 덜 타고 오염이 덜 된 우리네 구석구석의 마을과 들판, 살아가면 갈수록 다 애정이 가고 감탄을 하게 된다.

"고흥이나 벌교 사람들이 그러더라구. 삼성놈들 성미 고약하다고."

"이쪽에 삼성쪽 무슨 공장이 있어요?"

"무신 공장?"

"삼성에서 세운 뭐 있나 해서요."

"보성, 장성, 곡성, 이야기야."

"아하, 그게 삼성이래요?"

"순천에서 주먹자랑 하지 말라는 말 들어봤지? 같은 말이지 뭐."

덕담이라는 게 꼭 듣기 좋은 말만 있는 게 아니다. 생활력 강하고 뚝심과 배짱, 그 강함의 표현이다. 한참을 새겨야 뜻을 알게 되는 우리네 말, 옆집과 옆 동네를 오가는 거친 덕담을 새긴다.

그놈은 멋있었다

"그 영화 유치썰렁하지 않아?"

"글쎄, 니 나이에서 보면 유치찬란이지만 저 나이에서 보면 절대절명이 아니겠니? 재미있네. 그런 대로."

"하기사 고딩애들이 보면 재밌겠지."

"그럼 잘 된 영화야. 어차피 애들 이야기 애가 쓴 거 아니니?"

"저거 쓴 애 대학 들어가고 한바탕 인터넷 난리났었지."

큰 딸내미가 칫솔질을 하다가 슬쩍 묻는다.

나도 안다.

귀여니가 쓴, 「그놈은 멋있었다.」

인터넷 소설이 화제가 되고, 드디어 억수로 클릭해대던 네티즌의 엄지 덕에 영화가 개봉되었던 것도 알고 있었다. 물론 어디 대학 입학해서 한 인터뷰 기사도 보았다. 갑자기 언론이 왕왕거리며 짖어대고 작가는 삽시간에 고공행진을 했고, 그러다 심한 멀미에 아무 것도 쓸 수가 없다는 후속 기사도 봤다.

"저 영화 망했어."

"왜? 안 멋졌대니?"

"바로 내린 것 보니 별로였나봐."

"제목처럼 안 멋졌나 보네?"

「그놈은 멋있었다.」

그 소설을 읽지는 않았다. 그러나 그 제목을 보는 순간 마음에 확 박혔다. 얼마나 쌈박한 제목인가. 내게도 저 시절에 그놈이 있었던가. 아니 누구였던가. '그놈은 멋있었다'라고 단호하게 말할 수 있는 놈이 있기는 한가.

참 제목 좋다.

아니 저 제목을 붙일 수 있는 작가가 되었든 소설 속 주인공이든 멋지다.

고등학교 말썽쟁이 아이들의 소재라는 게 사실 거기서 거기다. 쌈질하고, 담임에게 야단맞고 코피 터지고, 부모 속 간간이 썩이고 … 친구들과 우정인지 의리인지 그거 하나 끝내주고 … 비슷한 사연이다.

특별하게 재미있을 턱이 없는 그런 영화를 성의껏 봤다. 설 연휴 동안 극장으로, 티브이로 영화감독 대여섯 명 만났다. 여러 형태의 인생을 살아본 셈이다.

영화를 보면서 나도 그 시절의 감정을 들추어내 보지만 별로다. 범생이었기에 별 추억이 없는 것인지, 아니면 너무 멀리 와 있는 나이라서 기억이 흐린 것인지 … 하여간 영화 보며 쫒

쯧쯧, 혀도 차보고 실없이 웃기도 했다. 나이에 맞춰서 생각을 하는 게 아니라 지금 나이에서 이해를 한다. 그러니 톱니가 잘 맞을 리가 없다.

우리 때는 그렇지 않았는데 요즘 것들은 버릇이 없다 … 뭐가 맘에 안 든다 … 어쩌고 저쩌고 불평이 많다. 그러나 냉정하게 돌아보라. 요즘 애들과 하나도 다르지 않다.

사춘기 시절의 목숨을 걸 만큼 절실한 영화을 보면서 여러 생각이 겹친다. 지금 생각하면 아무 것도 아닌 것을 맘 아퍼하고 슬퍼하고 힘들어 했다. 누구나 그런 시절을 다 겪고 어른이 되었다. 그런데 아이들을 이해하는 데는 인색하다. 참 인색하다.

"저때는 저게 죽을 만큼 절실했었지."

영화가 거의 끝나갈 무렵 화면 아래 자막이 뜬다.

– 속보. 백남준 씨 사망 –

몸이 성치 않아서 활동을 제대로 못한다는 신문기사가 떠올랐다. 우리 큰 사람 하나 떠났구나.

"정말 그놈은 멋있었다."

개나리꽃이 피듯

병문안을 가면서 죽을 포장해서 가는 사람이 많다. 나이에 따라서 선호하는 게 다르기 때문에 먼저 나이부터 묻게 된다. 연세가 높은 분들은 씹히지 않는 것을 권한다. 죽이야 소화 잘 되니 크게 염려할 일은 아니다. 젊은 사람은 중병이 아니면 특별하게 제한을 둘 일이 없다.

이십대 초반의 아가씨가 왔다. 전복죽을 주문하는 걸 보니 큰 맘 먹은 게 분명하다. 사실 죽값이 밥값보다 비싸다. 뭔 죽값이 이렇게 비싸냐고 묻는 경우가 있다. 비싼 값을 받으면 그만한 값이 들어 있기 마련이다.

포장백에 죽을 담으려 하니 잠깐만 기다려 달라더니 주머니에서 작은 종이 테이프를 꺼낸다. 깨알 같은 글씨가 써 있는 노란색 테이프다. 반찬용기 뚜껑에 하나씩 붙이고 수저와 젓가락에도 붙인다. 바라보고 웃었더니 쑥쓰러운지 씨익 웃는다. 그래도 테이프가 남았다. 마저 용기 옆에까지 다닥다닥 붙인다.

"뭐라고 썼어요? 난 글씨가 작아서 안 보이네."

"친구가 병원에 있는데 빨리 나으라고요."

군데군데 붙여두고 보니 영락없이 개나리꽃이다. 개나리꽃 피어나듯 그 친구가 훌훌 털고 일어날 것 같다.

"이 죽 먹고 안 나으면 나쁜 친구지."

"맞아요. 꼭 나을 거예요."

얼마나 이쁜 모습인가!

작고 사소한 것이 사람의 마음을 감동시킨다.

그냥 달랑 죽 포장해서 들고 가는 게 전부인데 일일이 한 줄씩 써서 붙이는 모습에 마음이 뭉클하다. 무엇이든 마음이 담기면 그게 보약이다. 노란 테이프 몇 개 붙이는 게 큰 일은 아니지만 그런 마음을 쓸 수 있고 생각이 거기에 미치는 게 이쁘다.

병문안을 가면서 획일적으로 사들고 가는 쥬스 상자, 그 쥬스병에도 마음의 테이프를 붙이면 훨씬 근사하지 않을까. 조금만 정성을 들이면 같은 물건도 몇 배의 감동을 전하게 된다. 진정으로 맘 써주는 벗이 있다면 한번쯤 앓아누워 볼 일이다.

하나님 놀다 가세요

하나님 놀다 가세요.

하나님 거기서 화내며 잔뜩 부어 있지 마세요.

오늘따라 뭉게구름 뭉게뭉게 피어오르고

들판은 파랑물이 들고

염소들은 한가로이 풀을 뜯는데

정 그렇다면 하나님 이쪽으로 내려오세요.

풀 뜯고 노는 염소들과 섞이세요.

염소들의 살랑살랑 나부끼는 거룩한 수염이랑

살랑살랑 나부끼는 풀이랑

옷 하얗게 입고

어쩌면 하나님 당신하고 하도 닮아서

누가 염소인지 하나님인지 그 누구도 눈치채지 못할 거예요.

놀다가세요 뿔도 서로 부딛치세요.

– 신현정 –

등단한 지 33년이 된 신현정 시인의 3번째 시집을 받았다. 구부정한 모습으로 문을 밀고 들어오신다. 일 년도 더 전에 불쑥 오셔서 『염소와 풀밭』이라는 시집을 놓고 갔었다.

그러고 보니 일년 반 만에 『자전거 도둑』이라는 시집을 또 냈다. 처음에는 도무지 시를 안 낳으시더니 한번 낳더니 이제 순풍순풍인갑다.

"선생님, 애 낳으셨어요?"

"애는 무슨 …."

"아니 배도 홀쭉해지셨잖아요."

참 시를 아껴서 쓰시는 분이다. 쉽게 우리 말로 제발 어렵게 쓰지 말라며 불평을 한다. 시라는 게 꼭 무슨 틀이 있는 것은 아니지만 되도록이면 말을 아끼란다. 수식어는 뺄 수 있으면 다 빼고 꼭 하고 싶은 말만 간결하게 쓰라지만 난 아무래도 저 양반처럼은 안 된다.

"난 할 말이 많아서 이만 총총 …은 안 되더라구요."

긴강이 안 좋아서 그 즐기던 술도 멀리했는데 이젠 조금씩 마시고 있으니 술자리 생기면 당신을 불러달라 했다. 먼저 선생님이 술생각 나는 날 절 찾아오시라고 화답을 드렸다. 그게 아무래도 순서이고 서로 술맛이 날 게 아니겠느냐고. 그러나 그게 언제가 될지는 그 양반도 나도 모른다.

"이제 갈 곳은 한 곳밖에 없어."

"하늘나라 가고 싶으세요?"

"거기밖에 갈 곳이 있어야지."

"거기 갈 게 아니라 하나님더러 내려오시라고 해요. 시에도 보니 그렇게 하나님한테 뻥쳤더만요."

"언제 또 읽어봤어? 빠르기도 하네."

하나님을 내려오시라, 염소랑 뿔싸움하시라.

그렇게 아이처럼 시를 쓸 수 있은 신형정 시인, 자주 만나지는 못해도 가끔 생각한다.

정말 시다운 시를 쓰는 시인, 그렇게 시처럼 사는 사람, 몸도 마음처럼 자유롭고 평안했으면 싶다.

詩 많이 써요.
그 말을 남기고 갔다.

아차, 깜빡 잊었네.
하나님 내려오시면 기별하라 할걸!

사돈 삼읍시디

새벽에 택시를 탔다. 지난밤에 친구네 집들이 갔다가 핸드폰을 두고 왔다. 들고 나오라 할 수도 없고, 찾아가려고 30분 먼저 나섰다. 머리가 하얗게 센 택시 기사님이 반갑게 맞아주신다.

"어서 오세요."

"안녕하세요?"

나도 아침 인사를 했다. 가끔 택시를 타면 먼저 인사를 건네오는 분이 있다. 잠시 실려가면서 이런저런 이야기도 하게 된다. 싸운 것도 아닌데 입 딱 다물고 그냥 가려면 얼마나 불편한가.

이야기래야 사회에서 일어나는 뉴스거리나 아니면 주변이야기, 물론 재미 없는 정치 이야기도 양념처럼 들어 있다.

"일찍 나오셨는데 어디 가십니까?"

"네, 출근길이예요."

"아니 이렇게 일찍 출근을 해요?"

"친구 집에 잠시 들렀다 가려구요."

집들이 갔다가 깜빡 두고 온 이야기를 대충 했다.

한참을 이야기하다 기사님이 내게 묻는다.

“따님이 있으면 며느리 삼고 싶습니다.”

“있긴 있지만 …?”

“여사님 보니까 딸내미 잘 키웠을 것 같아서요.”

“아이고, 별 말씀을요. 잘 키운 것보다 잘 커줘서 고맙지요.”

“딸은 어머니를 보면 알 수가 있거든요. 제가 보기에 참 밝아서 인상이 좋습니다. 막내 아들놈이 스물 일곱인데 애인이 없어요.”

고향동네 옆집 아저씨처럼 편안하게 이야기를 한다. 늦게 본 아들이 제대하고 복학해서 졸업반이 되었고, 키가 백 팔십이고, 훤출하게 잘 생겼다고, 아들에 대해서도 이야기해 주신다.

처음에는 그냥 덕담으로 하시나 보다 했는데 아니다. 당신은 어느 교회의 장로라고 신상공개도 한다. 기사님은 정말 며느리를 염두에 둔 것이다.

친구 집에 들러서 핸드폰을 가져올 동안 기다리겠다고 하신다. 그래서 우선 차비를 꺼내서 드렸더니 안 받으신다. 괜찮으니 그냥 다녀오시라며 막무가내다.

그런데 친구가 자기 승용차로 출근시켜 주겠다며 택시는 보내란다. 택시에 와서 요금을 드리면서 상황을 설명했다. 잘 되었다고 하시면서 기다리는 동안의 요금은 빼주신다. 그러시면 안 된다고 해도 절대 안 받으시더니 택시요금 영수증을 끊어 주신다.

"여기 내 전화번호 나와 있으니 꼭 따님에게 물어보고 전화 주세요."

아파트 골목에 차를 세워두고 손님을 기다리는 믿음, 골목길이라서 그냥 간다고 했더니 큰길에서 내리려면 버스 타지 왜 택시를 타느냐고 굳이 골목을 돌아서 아파트까지 와주신 배려 …

새벽에 참 기분 좋은 분을 만났다. 친구 차를 타고 오면서 큰소리쳤다.

"야, 어쩌면 나 사위 보게 생겼다."

성불하소서

"보살님, 죽 한 그릇 보시하시지요."

"…?"

"돈 말고 밥좀 주십시오."

"그러지요. 앉으세요."

"춥고 배가 고프네요."

늙수그레한 스님 한 분이 탁발을 왔다. 요즘은 탁발스님이 없는 줄 알고 있는데 가끔 온다. 그러면 아무 말 없이 통에 넣어준다. 진짜네, 가짜네 하지만 상관없다. 부처님한테 시주하는 게 아니라 배고픈 입을 생각한다. 한 끼 고픈 배를 달래주는 것이다.

들어서자마자 배가 고프니 한 그릇 달란다. 마침 바쁜 점심시간은 지나갔기에 자리에 앉으시라 했다.

죽 한 대접 차려다 식탁에 놨다. 정말 배가 많이 고프셨나 보다. 뜨거운 죽 한 그릇을 게눈 감추듯 깨끗하게 비웠다.

가게에 걸인들이 구걸을 하러 많이 온다. 어떤 날은 예닐곱 명이 다녀갈 때도 있다. 매번 다 줄 수가 없으니 상황에 따라서 준다. 멀쩡한 사람은 오히려 야단을 쳐서 내보낸다.

술냄새를 물씬 풍기면서 천 원만 주세요를 입에 달고 있는 젊은이도 있다. 놀랍게도 말쑥한 숙녀가 구걸하러 오기도 한다.

가난 구제는 나랏님도 못 한다고 했지 않은가. 그러다 보니 때로는 야박하게 굴 때도 있다. 허우대 멀쩡한 사람에게는 주지 않는다. 그러면 나중에는 험악한 욕을 하고 문을 걷어차고 나간다.

스님이 한참을 앉아서 포만감을 즐긴다. 지긋하게 눈을 감고 의자에 등을 기대고 참선이다. 한 삼십 분을 그렇게 앉아 있다가 일어선다.

"보살님, 성불하세요."

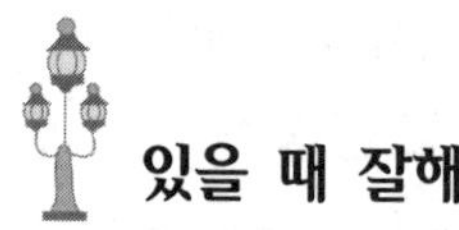

있을 때 잘해

'이산가족 찾기' 범국민적인 행사가 있었다. 밤새워 가며 내 집안 일처럼 티브이 앞을 못 떠나기도 했다. 상봉가족이 얼싸안고 울고 웃는 장면을 보면서 눈시울이 더워졌었다.

지금도 티브이와 신문에서 가족을 애타게 찾는 사연을 접하게 된다. 헤어진 이유도 가지가지이고, 그 사연 어느 것 하나 안타깝지 않은 게 없다.

가족이란 함께 있을 때는 그 소중함을 느끼지 못한다. 나는 그런 기사를 접할 때마다 이런 생각을 한다. 물론 찾고 싶은 가족을 찾으면 얼마나 좋겠는가. 그러나 현재 곁에 있는 가족을 잘 챙겼으면 한다. 있기 때문에 소홀하고 함부로 하는 경우가 없는지. 당연하다고 생각하는 가족의 울타리, 바람을 막아주는 울타리의 소중함을 잊고 있지는 않은지.

티격태격하며 얼싸안고 사는 가족이 있다는 것은 행복이다. 좋은 일에는 남도 좋고 주변이 다 좋지만 정작 힘들고 슬픈 일, 어려운 일을 만나게 되면 결국 가족밖에 없다는 말들을 하게 된다.

요즘은 가족 구성원이라고 해야 달랑 다섯 이내다. 그 다섯 손가락으로 셀 수 있는 가족끼리도 불협화음이 인다. 핵가족이 어쩌고 저쩌고 하지만 중요한 것은 사랑이다. 예전에는 할머니, 할아버지, 삼촌과 고모들이 한집에서 사는 게 당연했다. 그 틈에서 부대끼며 몸에 익어가는 사랑, 그것은 보이지도 않고 냄새도 없다.

한방에서 이불을 서로 끌어가며 살았던 시절, 참 정겹고 훈훈했었다. 그게 당연한 현실이었다. 지금은 각자의 방에서 하나씩 박혀 산다. 벌집 같은 아파트에서 또 벌집이 형성된다. 나만의 방을 갖는다는 게 꿈 같았던 시절이 그리 오래 전도 아니다. 새끼방이라고 노크 없이 문을 열면 가자미눈이 된다. 무례하게 이러시면 되겠느냐는 항의다.

가족이란 무엇일까.
있을 때 잘해, 후회하지 말고
있을 때 잘해, 망설이지 말고
유행가 가삿말이 정답이 아닐까.

독일광부 생각

바쁜 점심시간에 파출부를 불렀다.

요즘 소개소에서 사람을 부르면 거의 다 조선족 동포다. 젊은 처녀부터 육순의 할머니까지 그 숫자가 얼마나 될까.

그런데 대부분 나이가 우리보다 더 들어 보인다. 다행이 젊은 여자가 왔다. 서른 셋, 남편과 함께 작년 10월에 나왔단다. 여덟 살 먹은 딸내미는 시어머니가 키워주시고 두 내외가 3년 동안 열심히 벌어서 아담한 가게 하나 꾸리고 싶은 게 꿈이란다.

물론 그 꿈이 제대로 이루어졌으면 하는 바람이다. 새끼 떼어놓고 외국에 돈 벌러 왔으니 좋은 데 취업해서 월급 잘 받았으면 좋은데 아직 정해진 곳이 없어서 그날그날 일당제로 파출부일을 하고 있단다.

인력시장이라고 하는 파출부 사무실에 출근을 하면 칠판에 안내글이 있다. 어디서, 몇 시간, 써 있는 것을 보고 본인이 골라서 간다. 한 달 회비 3만 원을 내고 하루 일거리 소개 받으면 천 원을 따로 낸다. 일당은 5만 원, 반나절짜리와 하루짜리 둘로 나뉘어졌다. 우리와 환율이 엄청난 차이가 있으니 5만 원은 우리 계산으로 50만 원이 넘는다. 몇 년 여기서 열심히 하면 집도 사고 자식 출가도 시키고 한다.

사람을 써보면 정말 각양각색이다. 손 빠르고 깔끔하게 일하는 사람이 있고, 덜렁거리면서 할 일 다 하는 사람, 본인은 열심히 하는데 도무지 성에 차지 않는 사람, 슬슬 시간만 때우려 하는 밉상도 가끔은 있다.

조선족은 이제 많이 와 있기 때문에 초창기처럼 혹사당하거나 임금을 못 받아서 고생하는 사람은 없을 것이다. 끼리끼리 서로 연결이 되어서 한국 사람보다 더 빠꿈이가 많다. 다 살아가기 마련인 것이다.

3개월간 파출부를 다녔다는데 이건 영 빵점이다. 동작이 느린 것은 그렇다 치고 일의 앞뒤 구분도 하지 못한다. 마음만 바빠서 우왕좌왕 벌벌 떤다. 공부머리 따로 일머리 따로라고 하지만 너무나 서툴다. 그래도 어쩌랴. 속은 터지지만 차근차근 가르치며 시킬 수밖에 ….

"중국에서는 뭔 일 했어요?"

"네, 간호사 했습니다."

그렇지, 아무리 봐도 살림이나 어려운 일을 해본 사람이 아니었다. 한국 나가면 수입이 좋다니 남편과 나와서 막일을 하기는 하는데, 경험이란 그래서 중요하다. 일반 회사에서도 경력사원과 신입은 차이가 있지 않은가.

우리 가게에도 파출부로 며칠 쓰다가 정식 직원으로 있는 사람이 있다. 대부분 일 잘하면 주저앉히는 경우가 많다. 몇 개월씩 일당직으로 전전하는 사람은 문제가 있기 때문이다.

어쩌나, 저렇게 서툴러서는 들쑥날쑥 일당제도 제대로 못 갈 텐데. 하루 쓰고 다음날은 다른 사람 써야지 했다가 다시 불렀다.

"이 집은 정말 내 집같이 편해요."

이 사람아 자네 속은 편한지 몰라도 난 속이 터졌다네.

곰국은 아무나 끓이나?

나이 든 남편들이 젤 무서워하는 게 곰솥이라는 우스갯소리가 있다. 곰국 끓여두고 마누라가 여행을 떠난다는 말이다. 그러면 집에 남은 남편은 마누라가 끓여둔 곰국이나 데워먹고 있으라는 배려다.

그나마 곰국이라도 끓여두면 착한 아내가 아닐까. 한술 더 떠서 이삿짐차가 더 무섭다는 말이 있다. 행여나 두고 갈까봐서 맨 먼저 조수석에 타고 있다는데, 웃기에는 씁쓸한 서글픈 개그가 아닐 수 없다. 예전 어머니들, 아내들은 감히 꿈도 못 꾼 반란이다.

젊은날에는 아이들 키우느라 여자 혼자서 여행을 간다는 게 쉽지 않다. 꼭 아이 탓이 아니라도 남편들이 그것을 인정하지 않는 경우가 대부분이다. 마누라는 소지품처럼 데리고 다녀야 안심이 되는가 보다.

그게 사랑이라고, 아내를 아낀다고 여기고 살아가는 남편들이 많다. 그릇과 여자는 밖으로 내돌리면 사단이 난다고 불안

해한다. 어딜 가거나 할 때는 가족과 함께여야 한다. 그렇게 아내를 끔찍하게 아끼고 사랑하는 남편들이 우리나라만 있을까. 내 시야에서 보이지 않으면 불안하고, 못 믿고, 그게 사랑인가.

친구 중 한 명이 그 대표적인 입장의 아내다. 남편과 함께가 아니면 시장도 갈 수가 없다. 그러니 동창모임이나 개인적인 사생활을 꿈도 못 꾼다. 나이가 오십이 넘었고 딸 셋이 다 어른이 되었는데도 변함이 없다. 딸들이 나서서 아버지에게 투쟁을 하지만 막무가내다.

"옷을 안 사줬냐 밥을 굶겼냐. 여행을 안 데리고 갔냐. 내가 못 해주고 안 해준 게 뭐냐."

어디 아내에게 할 수 있는 말인가. 사육하는 애완견과 다를 바 없다. 누가 봐도 인텔리고 엘리트인 남편이라서 더 놀랍다.

우리는 그 친구를 보면 안타깝기도 하지만 뭐라 말하겠는가. 평생을 그리 살아왔고 길들여졌고 사육된 것을. 우선은 그 친구가 그 틀에서 벗어나길 두려워했다. 스스로 뭔가를 결정하고 해본 적이 없기 때문이다.

"니 남편같이 대단한 사람도 없다. 아무나 그렇게 군림을 하나? 다 능력이다. 능력 있는 남편이야 감수해."

그 친구가 드디어 대한독립만세를 불렀다. 친구도 만나고 동창회에도 참석하고 말대꾸도 한다. 여차하면 딸을 불러서 도움을 청한다. 아내에게 엄한 남편도 새끼들에게는 보들보들하기 때문이란다.

표가 나게 흠잡힐 일은 하지 않고 남편에게 반기를 든 것이다. 평생에 해본 적이 없는 엄청난 반란을 일으킨 것이다. 어느 날 갑자기 겁나는 게 없더라는 것이다.

"당신 왜 그렇게 당당해?"

뭔가 변하고 있는 아내에게 던진 남편의 질문이다.

"이 여자가 왜 이래? 안 하던 짓을 하고 그래?"라고 묻지 않고 그나마 저리 물었음은 무슨 조화일까? 아내의 변화가 당당하게 보였으니 다행이다. 조금은 두려움이 들었을까?

왜 당당하냐고 물었다니 조금은 쓸쓸하다.

고등어 대가리

"난 고등어 대가리가 젤 맛나더라. 그러니 살토막은 니들이 먹어라. 에미는 젤 맛난 대가리 먹을 테니 ⋯."

자식들한테는 살토막을 올려주고 당신은 늘 대가리만 먹었다는데, 세월이 흘러 그 아들이 결혼을 했고, 결혼 첫 생신을 맞았다. 아들은 아내에게 부탁하기를, 고등어 대가리를 한 냄비 졸여드리라고 했단다. 어머니 젤 좋아하시는 고등어 대가리를 실컷 드실 수 있게 해드리려는 효심이었다는데 ⋯.

며느리는 생선가게에서 특별히 부탁해서 생선 대가리를 냄비로 가득 졸였고, 시어머니 생신상에 올렸단다. 그 생일상을 받으신 어머니의 눈에서 눈물이 뚝, 떨어졌다고 ⋯.

우리는 그 이야기를 들으면서 여러 가지 의견이 나왔다.

정말 고등어 대가리를 제일 좋아하신다고 여겼겠지.

그래도 나이가 몇인데 지금은 어머니의 속뜻을 헤아려야지.

어머니도 참 답답하시네. 아들은 그렇다치고 며느리도 한심하다. 그러니 새끼만 먼저 주면 안 된다.

세상 어느 에미가 생선 살토막을 싫어하리! 먹잘 것 없는 대가리가 맛있으면 얼마나 맛나랴.

옛말에 魚頭一味라는 말이 있다지만, 그것은 고등어 대가리를 말 하는 게 아니리라.

어쩌면 대구 대가리 정도, 특별한 맛을 갖고 있는 생선 대가리가 아닐까.

고등어 대가리야 발라낼 살점도 별로 없고 뼈에서 우러나는 구수한 맛도 없으니 손가락에 비린내만 묻히게 된다.

가게에서 식구들과 아침밥을 먹으면서 저 이야기가 생각났다.

끼니 때마다 고슬고슬한 냄비밥을 해서 맛있게 먹는다. 전기밥솥 밥이 아닌 냄비밥, 뜸을 오래 들이다 보니 종종 누룽지가 눌게 된다. 누룽지를 끓여서 숭늉으로 마시면 구수하고 뜨끈한 게 참 좋다.

식솔들 밥먹으라고 누룽지는 내가 다 먹는다. 힘들게 일하는 식솔들 밥먹이고 싶은 마음이 우선이고 행여 먹기 싫다고 버린다면 그것은 죄악이라고 여기고 있기 때문이다.

당연스레 누룽지 대접은 내 앞에 차려놓는다. 먹는 나도 당연하게 생각했었는데 오늘 아침엔 뜬금없이 고등어 대가리가 머릿속을 오락거린다.

장미꽃보다 아름다운 사람

오후 2시가 조금 넘었을 때 장미꽃다발이 문을 밀치고 들어왔다. 꽃다발이 큼직하였고 그 꽃다발에 얼굴을 가려서 사람보다 꽃 먼저 보였다.

들어와서는 내게 꽃을 건내주는데 세상에 이게 누구시랴? 아들녀석의 담임 선생님이 아니신가. 올 들어, 아니 올 겨울 들어 제일 춥다는 소한날에 찾아오셨다.

"어머, 이렇게 추운 날 나오시다니요."

"네, 어머니 새해 복 많이 받으세요."

"그럼요 선생님, 한번 안아봐야겠어요."

나는 너무 반가워서 덥석 품에 안았다. 품에 안고 등을 다독였다. 작은 체구의 선생님이 한참을 내게 맡긴 채 웃으신다.

아들녀석 때문에 담임과 나는 힘들었었다. 쌈질을 하는 것도 아니고, 가출을 하는 것도 아니고, 문제아라고 하면 먼저 떠올리는 비행청소년, 절대 아니다.

하여간 아들의 표현을 빌리면 체제가 안 맞는단다. 획일적이고 틀에 박힌 강제적 교육, 개인의 개성이 무시되는 학교, 싫은 과목까지 왜 해야 되느냐고 ….

한국의 교육제도가 도무지 맘에 안 든다니 …. 엉덩이 뿔 치고는 너무 큰 뿔이 났다고 고개를 젓던 분들께서 지도편달 하기엔 정말 골치 아픈 반체제 학생이었다.

직접 주방에 들어가서 죽을 쒔다. 내 손으로 맛있는 죽 대접하고 싶었는데 얼마나 신나는가. 정말 행복한 마음으로 쑤면서 멀고 먼 항해를 하다가 잠시 어느 항구에 정박한 것 같은 포근함이다. 아직도 가야 할 항해, 아직은 멀고 먼 항해를 하는 뱃길이다.

가끔씩 이메일을 주고 받았다. 그렇게 일 년의 시간이 흘렀다. 담임과 학부모로 만났지만 지금은 좋은 벗처럼 마음을 건네고 받는다.

이제 학년이 다 끝났으니 아들은 담임의 그늘에서 벗어난다. 아들의 항해에 등대가 되셨던 고마운 선생님이다. 졸업식날 꼭 오셔야 한다며 재차 당부를 하신다.

학부모에게 꽃다발 선물을 준 선생님이 몇 분이나 될까? 위로 두 아이를 학교에 보냈지만 내가 받아본 적은 처음이다. 이쁘게 포장하려고 남대문시장을 돌아다녔다며 코가 빨갛게 얼어서 오셨다.

마주앉아서 이런저런 이야기를 나누다 보니 어둠이 내린다.

시간 가는 줄 모르고 세상사 이야기, 학교 동료 이야기, 옛 애인의 추억까지 ….

오래 묵은 친구처럼 이야기가 실타래 실처럼 풀려나왔다.

아쉬웠지만 버스 정류장까지 배웅을 했다. 길에 나서자 담임 선생님이 내 팔짱을 덥석 낀다. 내 왼쪽팔에 끼어 있는 손을 보니 너무 작고 이쁘다. 내가 오른손을 뻗어서 손안에 꼬옥 쥐었다. 따뜻한 마음이 마음 바닥으로 흘러온다.

"아이고, 손도 작기도 해라! 장갑을 끼셔야지 얼겠어요."

"어머니 만나러 오면서 설레였어요. 오래오래 편지해 주시고 계셔주실 거지요?"

"그럼요, 두고두고 민석이 비리를 다 꼬아바칠 거예요."

건널목을 건너면서 또 뒤돌아 보신다. 손을 흔들며 환하게 웃고 가는 뒷모습을 보니 훈훈하다.

불신시대

"여보세요? 포장 할 수 있지요?"

"죄송합니다. 지금 마감하고 있습니다."

"아 이모! 애들이 아퍼서 그러는데요, 만들어 주시면 안 될까요?"

"어쩌나 …. 그럼 바로 오셔야 해요."

12월의 마지막 날이다. 토요일이면 주 5일 근무라서 한가하다. 그래서 원래 9시 마감인데 토요일은 30분 정도 일찍 마감을 한다. 여는 시간과 닫는 시간을 어김 없이 지키고 있다. 그러다 보니 마감시간이 임박하면 손님이 먼저 바쁘다.

5분만 더 기다려 주세요. 1시간 더 연장하면 매출 많이 오를 텐데요. 사람 더 쓰고 24시간 하면 따따불로 장사될 거예요.

애교섞인 투정과 유혹을 하지만 고집불통으로 사수한다. 하루이틀 하고 말 것이라면 몇 날밤 왜 못 세겠는가. 그러나 사람의 몸은 한계가 있는 것, 무리하는 만큼 몸이 축난다. 다음 날 다시 일을 해야 하기 때문이다.

돈에 목숨 걸지 않는다.

그렇게 일부러 세뇌를 시킨다.

마감준비하는 직원에게 7개의 포장주문을 넣었다.

"굿바이 홈런이라고 생각하고 얼른 해보자!"

"네. 마감 멋지게 하니 좋아요."

다시 앞치마를 두르고 냄비를 불판에 올리고 서둘러 준비를 했다.

"내가 손님 기다리고 있다 갈 테니 먼저들 들어가."

"바로 오겠지요. 조금 있다 함께 퇴근할께요."

30분을 기다려도 손님은 감감 무소식이다. 가끔 장난으로 포장주문을 하는 경우가 있다. 그런데 올해 마지막 시간에 장난을 쳤단 말인가.

요즘은 발신자 번호가 찍히니 많이 줄었다. 그런데 전화기를 확인하니 번호가 없다. 아, 이건 분명 번호를 감추고 장난을 친 것일꺼야.

직원들을 다 퇴근시켰다. 조금만 더 기다려도 오지 않으면 할 수 없지. 이런 일이 처음도 아니니 그러려니 해야지 ….

9시 15분에 헐레벌떡 한 청년이 들어온다.

"이모, 미안해요. 정말 미안해요."

"늦으셨네요?"

"네, 나오다가 갑자기 일이 생겨 … 죄송합니다. 고맙습니다."

연신 미안하다며 몇 번을 고개 숙인다. 오토바이에 포장봉투를 실어주면서 내가 부끄러웠다. 이렇게 바쁘게 오는 사람에게 나쁜 생각을 품다니 … 서둘러 보내면서 진심으로 인사를 했다.

"새해 복 많이 받아요."

천년기념물

요즘은 효자라는 단어가 생소하다. 효부는 더욱 낯설다. 친부모도 아닌 시부모에게 효도란 그렇지 않겠는가.

부모에게 효도하는 게 당연한 것이지만 나부터 불효만 했지 싶다. 뭘 기쁘게 해드렸을까. 어떤 즐거움으로 감동을 드렸을까. 늘 속 썩이고 가슴 졸이게만 했다.

'시와 산' 송년모임이 있었다. 회원은 약 50명이 되는 11년 된 모임이다. 연초에 있는 총회에는 많이 참석하는데 송년모임에는 스무 명 이내로 단출하게 모인다.

2005년 경기도 남양주군에서 효부상을 받은 박천순 회원이 나왔다. 나이가 많은 것도 아니고 올 지나면 사십이라고 했다. 요즘도 그런 상을 주느냐고 의아해 하는 사람도 있다. 신문 귀퉁이에 작게 알리고 있으니 그럴 수밖에 없다.

그 친구는 효부상 탄 이야기를 하면 입을 막으려 한다. 민망하니 제발 그 이야기는 하지 마시란다.

"요즘에도 이런 사람이 있네. 천년기념물이여, 기념물!"

"그래, 부상은 뭘 받았는데?"

"네, 은수저 한 벌 받았어요."

은수저 한 벌을 부상으로 받았다는 말에 나는 친정 어머니가 생각났다. 내가 국민학교 2학년 때인가에 효부상을 받으셨다. 그때는 그런 상이 뭔 줄도 몰랐고, 그저 부상으로 받으신 스테인레스 밥주발 한 벌이 그렇게도 신기했었다. 반짝반짝이는 밥주발 뚜껑에 '효부상'이라고 새겨 있었다. 놋그릇을 쓰던 시절이라서 가볍고 반짝이는 새 그릇이 너무 이뻐보였다.

오랫동안 어머니가 그런 귀한 상을 타셨던 것을 잊고 있었다. 정말 자랑스러운 일인데 까맣게 잊고 살았다.

스무 살에 시집오신 어머니는 손아래 시누이, 시동생, 대가족 살림을 하셨다. 홀시아버지를 극진하게 봉양했다고 주변에서 추천을 했다고 들었다. 지금도 어머니는 할아버지를 추억할 때 그러신다.

"난 친정 아버지보다 시아버지가 더 좋았다. 우리 아버지는 너무나 엄했는데 느이 할아버지는 무조건 나를 이뻐하셨단다."

가장 기억에 남는 정경이 있다.

할아버지 수염을 어머니가 다듬어 드리던 모습이 한 폭의 그림처럼 선명하게 눈에 어린다. 할아버지가 신문을 턱에 받치고 계시면 어머니는 가위로 할아버지의 콧수염을 단정하고 가지런하게 잘라드렸다.

"아버님, 거울 보세요. 길이가 이만하면 되겠어요?"

"그래 좋구나. 아가 애썼다."

어머니는 가끔 말씀하신다.

"효자는 부모가 내는 것이다."

자식이 잘 해서가 아니라 부모가 잘 다스리고, 인내하고, 사랑으로 베풀었기에 그 자식이 그대로 실행하기 때문이라고 하셨다. 그러면서 한마디를 더 얹으신다.

"본 흉은 내도 안 본 흉은 못 낸다."

난 그 흉내를 못 내고 있으니 참 염치가 없다. 홀로 계신 어머니께 전화도 자주 못 드리고 있으니 …. 이런 나를 거울삼아 보고 있는 내 새끼들은 무엇을 흉내낼까.

사랑의 열매

아버지가 돌아가시고, 한 달포쯤 되었을 때 일이다. 갑작스레 가신 아버지의 자리가 아직도 따뜻한 그런 날이었다.

처음 보는 낯선 남자가 집에 찾아왔다. 사십대 후반의 남자는 용달 트럭을 몰고 물어물어 우리 집을 찾아왔단다.

"엊그제사 선생님 부음을 들었습니다."

어머니에게 그 남자는 자신을 소개했다.

충남 금산 어디에 살고 있으며 야채 행상을 하고 있다고.

그 남자가 이십 초반 때 우리 아버지를 처음 만났단다. 동네에서 내놓은 불량한 청년이었기에 아무에게도 사람 취급을 못 받았다. 골목에서 마주치면 슬슬 피해가고 사람들은 아무도 가까이 하지 않았다.

싸움질, 술주정, 그 젊은 시절을 그리 살고 있었다. 그때 아버지를 만났는데 처음으로 사람 대접을 받았다. 당신이 가르치는 제자 다루듯 하나하나 차근차근 타일렀다.

대부분 훈계조로 하기 때문에 상대방은 그 말이 들어오지 않는다. 오히려 나이 많은 유세라고 반감을 사는 경우가 많다.

특별히 이래라 저래라가 아니라 그저 편안하게 경계 없이 만나면 먼저 아는 체 인사 건네고 안부를 챙겨줬단다.

그 이후 그 청년은 세상을 보는 눈이 달라졌다. 부정적이던 세상이 조금씩 내 편이 있다는 감사함이 들었다. 열심히 살았고 지금은 아들딸 성장해서 부자는 아니지만 행복한 가정을 꾸리고 살고 있다. 살면서 가끔 선생님 생각을 했고, 한번 찾아봐야지 벼르고만 있었는데 얼마 전 고향에 갔다가 부음을 전해들었다고, 이렇게 일찍 가실 줄 꿈에도 몰랐다며 눈물을 떨구었다.

죄송한 마음에 이렇게 장사 나가가다 찾아왔노라고 어머니 손을 잡고 은혜에 보답하지 못해 죄송하다고 또 울었다. 물론 아버지는 그 청년이 아버지로 인해서 인생관이 바뀌고 새로운 삶을 살아갔다는 것을 몰랐을 것이다. 평생 은인으로 가슴에 품고 살았다는 그 청년,

"젊음은 한때라네. 귀하게 여기고 살게나!"

그 말이 가슴에 비수처럼 꽂혀서 지금도 잊지 못한다고, 이제 인생의 길을 바꿔주던 그 선생님의 나이가 되어 찾아왔다. 아버지는 가셨지만 아버지의 사랑은 실한 열매를 맺어두셨다.

부자보다 잘 사는 사람이 되길

"세월은 가고 오는 게 아니다. 세월 속에 있는 사람과 세상이 가고 오는 것이다. 무상하다는 것 또는 덧없다는 것은 시간 자체가 덧없는 것이 아니라, 그 세월 속에 사는 우리 자신이 예측할 수 없고 늘 한결같지 않고 변하기 때문에 덧없다는 것이다. 생사가 너무나 우리 삶에서 크지만 한순간도 이 세상에 영원한 것이 없다."

법정 스님이 하신 말씀이다. 저 양반 말씀에 머리 끄덕이며 공감하는 부분이 많았다. 나도 그렇지만 많은 사람의 마음이라고 생각한다.

욕심을 버리라고 스스로에게 타이르고 그리 살아야겠다고 다짐도 해봤지만 늘 허사였다. 그러면서도 끊임없이 빈 그릇을 탐내고 산다.

내 그릇에는 더 채우지 못해 안달을 하면서 깨끗하게 비워져 있는 다른 이의 빈 그릇에 고개 숙여짐은 또 무슨 욕심인가.

요즘은 국민 대다수가 '로또' 열풍에 몸살을 앓고 있다. 심심풀이로 재미 삼아서 사는 사람이 대부분이다. 그러나 목숨 걸다시피 하면서 매주 꿈을 꾸는 사람도 많다. 심심해서나 재미 삼아서가 서서히 어두운 욕심으로 바뀌니 탈이다.

나 역시도 처음에는 콧방귀도 안 뀌었다. 무슨 횡재수를 바라느냐고. 그러다가 한 줄씩 몇 번 샀다. 쓸데없는 짓인 줄 알지만 재미가 전부였다.

얼마 전에 혹시 내게도 우연한 행운이 올까!라는 참으로 황당한 기대를 하고 있는 나를 보았다. 아주 잠시의 기대였지만 사람은 이렇게 변할 수 있음이다. 내 자신이 놀랍고 놀라웠다. 내 속에 이런 황당한 요행수를 바라는 내가 살고 있었다.

신문기사에 복권당첨된 사람의 불행을 보는 경우가 있다. 통계가 나왔는데 결과는 놀랍게도 행복하게 사는 사람이 없다. 불의의 사고를 당하거나 가정이 깨지는 일이 많았다.

정신적인 병에 시달리는 경우는 다반사이고, 주변 사람과도 인연이 끊기고 친척들과도 등을 지고 사는 경우가 많다. 그러니 복권이 아니라 불행인 것이다.

법정 스님이 그랬다.

"가진 것과 행복은 상관관계가 있겠지만 행복은 결코 밖에서 오는 것이 아니고 내 마음에서 향기처럼 우러나는 것이다. 횡재를 만나면 횡액을 당하고 액을 불러들이기 쉽다. 돈이라는 것은 혼자만 오는 게 아니라 꼭 어두운 그림자가 같이 따라온다."

세상 속에서 큰 욕심 부린 것 같지 않은데 정말 그랬을까. 지금에 만족하려 애쓰고 매사에 감사하고 있는데, 나는 잘 살고 있는 것일까.

번번이 반성해 보는 화두인데 이것 역시 그 자리다. 세월만 그 자리에 있으면 좋으련만 내 욕심도 늘 그 자리다.

언니를 찾아주세요

"어머니, 저 동치미좀 더 주실 수 있어요?"

"그럼요. 다른 것도 더 드릴까요?"

참 오랫만에 다정하게 불러오는 어머니 소리다.

어머니 하면 낳아주신 내 어머니를 떠올린다. 우선 나도 친정어머니를 생각한다.

예전엔 요즘 같은 호칭은 쓰지 않았다. 꼭 내 부모가 아니더라도 친구의 부모님을 부를 때 어머니, 아버지, 그렇게 불렀었다. 물론 그 부모님들도 내 자식처럼 불러주셨다.

요즘은 호칭이 너무 뒤죽박죽이 되었다. 남편더러 오빠라고 부르는 것은 당연시(?)되었다. 식당이나 아니면 백화점에서 물건을 살 때나 다들 언니라고 부른다.

할머니가 젊은 아가씨를 부를 때도 언니, 아저씨도 언니라고 부르는 데 너무 익숙하다. 처음엔 그 언니라 불리는 게 정말 못마땅했다.

언니!라고 부르면 그건 좀 났다. 이젠 아예 언니야!라고 반

말로 부른다. 이게 도대체 어디식 호칭인지 알 수가 없다.

"아줌마, 김치 더 주세요."

이것은 아주 양호하다.

"여기요."

"이봐요."

"어이!" 하고 불러서 가면 젓가락으로 반찬종지를 툭 친다. 알아서 가져오라는 신호다. 턱으로 가리키기도 한다.

그런 호칭에 이제 면역이 되다시피 했었는데 어머니라는 호칭에 깜짝 놀랐다. 물론 기분 좋은 것은 말할 것도 없다. 식사를 다 마칠 때쯤 내가 가서 물었다.

"어머니라고 불러줘서 놀랐어요."

"어머니시잖아요."

"그렇지만 그렇게 불러주는 사람 없었거든요. 곱고 이쁘게 불러줘서 고마워요."

옆에 있던 일행이 웃으며 거든다.

"원래 애가 그래요. 그래서 어른들이 좋아하세요."

어른들만 좋아하랴. 또래 친구들이나 직장 동료들이나 주변 사람들이 다 좋아할 것 같았다. 말씨도 얌전했지만 표정도 밝았다.

하나를 보면 열을 짐작한다는 옛말이 있다.

언니를 언니로 제대로 불러주었으면 싶다. 아무데서 아무렇게 불리우는 언니, 서글프다.

무꼬랑지 노루꼬랑지

"올 삼동은 벨로 길지 않겄다."

"춥지도 않다지요?"

"무꼬리가 한 뼘씩은 되었는디 반 뼘밖에 안 된당께."

"무꼬리가 한 뼘이라니요? "

"무를 뽑아봉께 꼬랑지가 손가락 매디만 혀. 예전에는 한 뼘 이상씩 길었는디 …."

영지뿔 할머니의 일기예보다.

가을 김장무렵 무를 뽑아보면 그해 겨울의 날씨를 대충 짐작하게 되었다는데, 겨울이 짧고 그리 춥지 않은 해에는 어김없이 무꼬리가 짧더란다.

할머니의 기상예보는 늘 맞았으니 믿어야겠다.

겨울 짧은 해를 노루꼬리에 비교한다. 노루꼬리는 정말 짧다. 대부분 동물의 꼬리는 길다. 노루꼬리는 꼬리라고 하기에도 민망하게 짧고 뭉툭하다. 요것이 꼬리오 하고 시늉만 했다.

무꼬리가 짧아서 올 겨울이 짧다는데, 그럼 노루꼬리만한 겨울 낮 길이는 무엇이 될까. 꼬리가 길면 길어야 할 이유가 있고 또 짧으면 짧게 살아야 할 생존과 관련이 있다. 무엇 하나 이유 없이 매달린 것이 없다. 살아가는 방편 놀라울밖에 ….

살아가면서 인정이 자꾸 노루꼬리가 되어간다. 무꼬랑지처럼 가늘어도 길게 뿌리 내렸으면 싶다. 사람과 사람의 관계가 노루꼬리처럼 뭉툭하게 잘리는 일이 없었으면 싶다. 굵고 긴 동아줄은 아니라도 최소한 노루꼬리처럼 그리 짧아서야 되겠는가.

허호석 시인과 아버지

삼십 년 전쯤이니까 참 오래 전 일이다. 어느 날 저녁에 전화벨이 울렸다. 아버지가 전화를 받으셨는데 듣다 보니 나한테 온 전화다. 전화를 받으려고 아버지 옆으로 갔다.

날 바꿔주시지 않고 오히려 전화 중간에 벌컥 화를 내신다.

"아니, 당신 몇 살이오?"

저쪽에서는 뭐라 했는지 알 수 없었다.

"아니, 나이가 오십이든 육십이든 그게 무슨 상관이오. 아무개 바꿔달라니, 아무개 씨라고 존칭을 쓰셔야지. 나이 스물이 넘은 성인인데 당신 자식 부르듯 하시면 되겠오?"

처음보다는 수그러든 목소리로 아버지는 훈계를 했다. 참 까탈스럽게도 별난 우리 아버지셨다. 자식의 친구에게도 이십 세가 넘으면 절대 반말을 쓰지 않으셨다. 다 큰 딸년에게 남자가 전화를 걸어왔는데, 정중하게 아무개 씨좀 바꿔주십시오 이렇게 하지 않고 아무개 바꿔주세요 했으니 탈이 난 것이다.

뒤에 허호석 시인의 사연을 듣고 한참 웃었다. 아버지의 말을 듣다 보니 처음에는 당황스럽고 기분도 상했었는데 아차 하고 자신의 결례를 절실하게 깨닫게 되었단다.

당신 몇 살이오라고 물으시는데 얼결에 오십입니다 했다나….

그때 허 시인 사십 초반쯤이셨고 초등학교에 계셨다. 아버지도 선생님이셨으니 선생이 선생한테 야단을 맞은 꼴이다. 등줄기에서 땀이 흐르고 얼마나 긴장을 했는지 말도 더듬었다고, 그러면서 아버지가 대단하신 분이라고, 정말 존경스럽다고 하셨었다.

불호령을 내렸던 아버지 오래 전에 떠나셨는데 氏자 안 붙여서 벼락맞은 허 시인을 신문에서 만났다. 엊그제 같은데 세월 많이도 흘렀다. 검정 베레모를 쓴 얼굴이 아슴하니 긴가민가 싶다. 찬찬히 들여다 보니 그분 맞다.

30년이면 긴 세월이 아닌가. 그러니 지금 길에서 만나도 전혀 알 수가 없을 것이다. 신문에서야 이름과 시가 함께 나왔으니 알아봤다.

허호석 시인은 지금 어떤 모습의 아버지로 계실까.

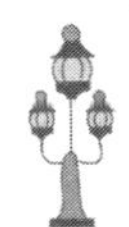

긁어 부스럼

아파트 생활을 하는 사람들은 공통적으로 느끼는 게 있을 것이다. 너무 삭막하고 인간미 없는 이웃에 대하여. 물론 그 이웃이 생각하는 삭막한 이웃의 입장에서 말이다. 그러나 대부분 자신은 돌아보지 않게 된다. 참으로 이기적이고 삭막한 이웃이 아닌가.

물론 나도 그 삭막한 이웃 중 대표적인 사람이다. 아랫집과 일 년에 대화를 나누는 것이 몇 번이나 될까. 그 대화라는 게 일반적인 안부나 인사의 대화라면 그나마 좋겠다.

어쩌다 휴일에 못질을 하거나, 밤중에 발코니 홈통으로 물이 많이 내려갈 때나, 아니면 세탁기가 이른 시간에 돌아가거나 가뭄에 콩 나듯이 집안에 행사가 있어서, 어른과 함께 온 아이들이 콩콩거리며 다닐 때나 득달같이 올라와서 항의하는 게 대화라면 대화다.

엘리베이터 안에서 만나도 우리는 전혀 이웃이 아니다. 시

내 어느 건물에서, 백화점 안에서 만나는 처음 보는 사람일 뿐이다.

몇 년을 이렇게 같은 계단을 오르내리며 사는데 참 슬프다. 그런데 더 슬픈 것은 아무렇지도 않는 내 심정이다. 늦게 이사를 간 나는 만나면 아는 체도 했었는데 달갑지 않은지 모르쇠다. 이제는 함께 모르쇠 하다 보니 전혀 불편하지도 민망하지도 않다.

그 중 유별나게 까탈을 부리는 같은 계단 남자는 나이가 육십 초반쯤 된다. 말쑥하게 차려입고 아침 출근을 하는데 그 출근 시간대가 나랑 비슷하다. 종종 함께 엘리베이터를 타고 내려간다. 엘리베이터에서 나오면 바로 경비실을 거치게 된다. 경비실을 나서면서 바로 놀라운 장면을 번번이 목격하게 된다.

아주 깊게 끌어올려서 길바닥에 탁 하고 뱉는 가래침, 순간 속이 메스꺼울만큼 역겨웠다. 정말 기가 막힌다는 표현은 이런 때 하는 것일게다. 주춤, 잠시 걸음이 멎어버린다. 자기 집 거실바닥에도 저럴까. 주택이라면 마당 복판에다 저럴 수 있을까.

정신과 의사 한분을 알고 있다. 그분과 만나서 이야기하다가 그 이야기를 했다. 난 도무지 화가 나서 견딜 수가 없는데 어쩌면 좋으냐고, 다른 사람들은 그런 걸 보고서도 아무 느낌이 없느냐고, 그러면 내가 문제 있는 게 아니냐고.

그랬더니 그 의사양반이 한마디로 잘라서 말한다.

"먼저 더 큰소리로 가래를 뱉으세요."

그냥 두라는 뜻인 줄 안다. 한마디 해봐야 곧 시비꺼리가 될 테니 무시하라는 것이다.

어쩔 수 없이 쉰세대

지금 쓰던 휴대폰을 한 5년 가까이 사용했다. 무엇이든 내 손에 익숙한 게 좋기도 하지만 한번 사면 쉽게 바꾸지 못하는 성격탓도 있기 때문에 여적 사용을 했다.

오래 쓰다 보니 완전히 수명을 다해서 작동되지 않는 기능이 여러 개다. 숫자판에 전원도 들어오지 않아서 깜깜절벽이고, 진동음은 아예 먹통이다. 그러다 보니 잘 걸리지 않을 경우도 있고, 오는 전화도 애를 먹였다. 왜 전화를 받지 않느냐고 짜증을 내는 사람도 있었다.

할 수 없이 새 것으로 바꾸었다. 그런데 유난히 나는 새 것에 서툴다. 이런저런 기능을 익히는 것은 뒤로 미루고 전화번호 입력도 헷갈렸다. 하루 온 종일 전화기와 씨름을 했다.

궁즉통이라 했던가.

종일 조물락댔더니 대충 손에 익어간다. 100개가 넘는 번호를 새로 입력했다. 대리점에서 해주는 것을 왜 답답하게 수고를 하느냐고 묻기도 하는데 기기가 너무 노후되어서 칩이 먹히지 않는단다. 얼마나 오래 썼으면 이 지경이 되었느냐고 대리점 직원이 놀랐다.

지하철에서 보면 학생들이 손가락이 안 뵈게 글자판을 두드린다. 얼마나 빠른지 경탄을 하게 되는데, 오죽하면 '엄지족'이란 신조어가 생겼을까. 자기 휴대폰이 아니라도 금방 내 것처럼 다루는 젊은이들을 보면 참 신통하고도 신기하다.

새삼스레 내가 기계치인 것을 깨달았다. 이 휴대폰을 앞으로 얼마나 오래 끼고 살지 모르지만 아마도 지금처럼 완전히 꺼질 때까지 쓸게다. 무엇이든 낡아지고 묵을수록 애착이 간다. 사람도 오래 묵고 오래 걸어온 사람이 소중한 것처럼.

이렇게 어렵게 익히는데 다음에 또 이런 고생을 어찌 할까. 나이 드니 무디어지는 게 머리뿐이 아니다. 금방 듣고도 잊어버리고 조금 전에 한 것도 새롭고 … 손감각도 무디어져서 문자 하나 보내려면 한참을 꼼지락거린다.

하루가 지나고 나니 덜 설긴 하지만 아직 멀었다. 몇 년을 손에 익었던 것의 교체는 시간이 걸리기 마련이다. 또 기다리면서 내 것으로 만들어야겠다. 이래서 사람과의 관계도 묵은 사람이 좋은가 보다.

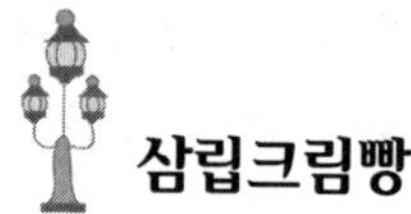

삼립크림빵

아주 오래 전이다. 중고등학교 시절이니 아슴하기만 하다. 지금이야 먹거리가 풍성해서 입맛이 까다롭게 변했지만 예전에는 다 귀하고 어렵던 시절이다.

학교 매점에서 파는 빵이래야 몇 가지 안 되었다. 그나마 늘 사먹을 수 있는 게 아닌, 어쩌다 먹는 간식거리 중에 '삼립크림빵'을 잊을 수가 없다.

큼지막하니 둥근 빵 속에 하얀 크림이 듬뿍, 매일 먹어도 물리지 않을 것처럼 정말 맛있었다. 한 개는 모자라서 두 개를 사먹자니 주머니가 인색하고, 목이 메는 줄도 모르고 먹었던 옛생각이 났던 것은 신문에 소개된 기사 때문이다.

추억의 옛시절을 소개하는 글에서 '삼립크림빵'이 소개되었다. 지금도 나오는 것을 그때서야 알았다. 언제 기회가 되면 꼭 사서 먹어야지, 맘 속에만 두었다. 그러다 남산에 다녀오는 길에 작은 구멍가게에 들렀다. 혹시나 하고 물었더니 다행이도 있었다. 한 개에 500원을 주고 사서 먹었다.

왜 이리 빵이 퍽퍽한지 입안이 거슬거렸다. 크림도 중간에 조금만 발라져 있었다. 그때는 빵도 부드러웠고 크림도 듬뿍이었는데.

세월이 흘러 내 기억이 잘못된 것인지, 아니면 풍족해 버린 지금에 와서 까탈을 부리는 건지 하여간 모든 게 변해버린 지금 입맛인들 그대로 남아 있겠는가. 기억이란 것도 그리 믿을 만한 게 아니다. 추억이란 종종 정확함과는 멀리 떨어져 있기 마련이다.

부드러운 것에 길들여진 입맛,

딱딱하고 거친 음식은 뒷전으로 밀린 지 오래다. 그러다 보니 요즘 우리나라 사람도 대장암 환자가 많단다. 서양화되는 게 식생활뿐만은 아니지만 언제부턴가 가랑비에 옷 젖듯이 입맛이, 식성이 서양화되어 버렸다.

우리 입맛은 어디로 실종된 것일까.

사람도 같은 경우가 더러 있다. 참 그립고 보고싶은 사람이라서 맘 속에 아름다이 머물고 있었는데 어쩌다 수소문해서, 아니면 우연하게 그 사람을 만나게 되었을 때, 그때 대부분의 사람들은 약간의 실망을 맛보게 된다.

"에이, 만나지 말 것을 그랬어."

맘 속에 살고 있는 사람은 추억 속에 있을 때가 좋다. 상대방 역시 내가 추억 속 삽화로 있을 때가 좋듯이 ….

빈틈

"저 친구가 옛날 검찰청에 있을 때는 날렸어요."

"검찰에 계셨었어요?"

"머리가 컴퓨터예요. 나랑 그때 같은 동료지요. 나이가 나보다 두 살 더 많은데 친구처럼 지냅니다."

칠순의 연세에도 젊은이들처럼 일하시는 두 분이다. 예전에 뚱뚱이와 홀쭉이라는 코미디언이 있었는데 두 분을 보면 먼저 그 코미디언이 생각난다.

그렇지만 홀쭉이 쪽의 한 분은 보통 체격이시다. 양복을 깔끔하니 입으시고 넥타이도 아주 세련되게 매고 오신다. 한번은 내가 아주 옷을 멋지게 입으신다고 했더니 참 좋아하셨다.

연세가 들수록 의관이 말끔해야 된다는 말을 종종 듣는데 맞는 말이다. 우선 보기에 깔끔하니 좋지 않은가. 나이 들면 주름이 많아지는 것도 있지만 우선 피부가 달라진다. 색깔도 어두워지고 검버섯이나 잡티 그런 게 많이 생긴다.

물론 늙었어도 고운 피부를 유지하고 있는 사람도 더러 있다. 그러나 평균적으로 거칠어지고 윤기가 없어지는 것은 어쩔 수 없다. 그게 노화가 아니겠는가.

두 분은 오시면 늘 같은 죽을 주문한다. 그래서 문을 열고 오면 묻지도 않고 주방에 바로 주문이 들어간다.

"참치죽 둘 있어요."

식사량도 다 알기 때문에 식솔처럼 챙겨드린다. 일 주일이면 삼사일을 오시는데 거의 두 분이 같이 온다. 어쩌다 혼자 오시면 보는 내가 허전하다.

두 분 중에 한 분이 처음에 매우 인상에 남았다. 잔돈을 드리면 앞뒤 순서를 꼭꼭 맞추어서 지갑에 넣었다. 약간 말투와 손놀림이 어눌하신 편이라서 한참 걸린다.

일일이 앞뒤를 다 맞추어 챙기는 사람은 별로 없다. 그냥 받아서 지갑에 담는데 그분은 한 장씩 한 장씩 따로 점검을 한다. 앞뒤가 맞지 않으면 다시 다 맞추는데, 너무 찬찬히 정성껏 한다.

처음에는 참 이상스럽기도 했었지만, 이제는 내가 먼저 잔돈을 드릴 때 앞뒤 먼저 맞추어 드리고, 왼손을 쓰시기에 수저와 반찬의 위치도 왼쪽에 놓는다. 성격이 아주 정확하고 빈틈이 없다는 것을 알게 되었다. 평생 길들여진 습관이기 때문에 본인은 별 불편을 못 느낄 테고, 오히려 그냥 아래위 뒤죽박죽 된 돈이 지갑에 있으면 불편하리라.

내가 본 것은 그분의 단편적인 아주 작은 일부분일게다. 직장에서나 가정에서 어떻게 살고 계실지 짐작이 간다. 짐작이지만 거의 맞을 거라고 생각한다. 실수도 하지 않고 남에게 절대로 폐를 끼치지도 않고 매사에 자로 잰 듯 정확하게 살고 계실 터이다.

아무리 정확하고 빈틈이 없다 하지만 어느 한 구석 틈은 있을 것인데, 글쎄, 어느 쪽에 틈이 있을까.

간이 맞는 사람

"어제 목사님 설교가 간이 맞았지요?"

"무슨 말이야?"

"목사님 설교가 너무 좋았잖아요. 당신한테 맞았을 것 같아서 …."

"응, 회사일 신경 쓰느라고 자세히 못 들었어."

"젊었을 적 선교사 때 암선고를 받았었대요."

"그랬어?"

"당신이 은혜를 받았으면 했는데 …."

남산길 운동하면서 앞서가는 두 부부의 이야기를 듣게 되었다. 목사님의 옛이야기니 분명 암을 극복했다는 말일 테고, 아내 되는 이는 커다란 감명을 받았다고 연신 남편에게 설명을 했다. 목사님의 설교가 가슴에 와닿았느냐는 질문을 '간이 맞았느냐'라고 했다.

우리 가게에 간이 안 맞아서 생긴 일이다.

점심시간이 막 시작되자마자 아가씨 4명이 왔다. 점심식사가 테이블로 나가고 조금 있으니 사람을 부른다. 죽이 짜서 도무지 먹을 수가 없단다. 그 죽은 나도 간을 봐서 내보냈기에 다시 내가 확인을 했다. 그런데 전혀 짜지가 않았다.

한 사람이 짜다고 하면 싱겁게 먹는 사람인가 보다 하는데 4명이서 똑같이 짜다고 하니 참으로 황당하다. 한 냄비에 끓이는 게 아니고 1인분씩 따로 끓이기 때문이다. 주방에서 다 된 죽을 식판에 올리기 전에 꼭 간을 다시 본다. 한 사람이 보는 게 아니라 최소한 두 명이 간을 본다. 물론 두 사람이 간을 봤지만 싱거울 때도 짤 때도 있을 것이다. 그러나 평균적인 입맛이라면 짜지 않다고 생각한다. 왜냐하면, 대충 손대중으로 간을 하는 게 아니고 정확하게 계량스푼으로 간을 하기 때문에 별 실수가 없다.

그 4명의 아가씨들에게 다시 죽을 쒀서 내보냈다. 물론 간의 차이는 별반 없이 내보냈다. 그랬는데 짜다는 말 없이 죽그릇을 깨끗이 비웠다. 바쁜 점심시간에 다시 죽을 쑨다는 것은 시간낭비, 재료낭비, 아울러 차례를 기다리는 손님에게 미안스럽다. 그럴 때의 심정은 한마디로 복장 터진다고 해야겠다.

얼마 뒤에 다시 그 아가씨들이 왔다. 이번에도 또 짜다고 퇴박을 놓았다. 같은 이유로 다시 죽을 끓이게 되니 화가 났다. 처음에는 유난히 싱겁게 먹는 사람들이구나 했었지만 두 번째는 애써 감정을 누르느라 힘들었다.

돈 주고 사먹는 음식이니 간이 안 맞으면 다시 주문을 할 수 있다. 그러나 몇 사람이 간을 봐도 결코 짠 음식이 아니었는데 두 번씩이나 같은 이유로 퇴박을 놓으니 …. 우리 가게와 무슨 악감정이 있나 싶은 생각도 들었다.

조금씩만 이해하고 배려하면 얼굴 붉히지 않을 텐데 너무 이기적인 행동을 하는 사람을 보면 마음이 무겁다. 그 아가씨들을 보면서 아무 말 없이 다시 죽을 쒀준 것은 내 딸의 얼굴이 떠올랐기 때문만은 아니다. 이해하고 배려하는 고마운 대다수의 손님 때문이다.

음식만 간이 맞는 게 아니다. 사람과 사람도 간이 맞으면 얼마나 좋을까. 아무리 맛있는 음식도 간이 맞지 않으면 무슨 맛이 있으랴.

내 입에 딱 맞으면 무엇을 더 바라겠는가. 가끔은 내 입맛의 간을 맞추는 배려, 그 또한 살면서 베푸는 즐거움 아닐까?

그리운 이름

아침 커피를 마시며 새삼스레 커피잔을 본다. 연두색 바탕에 자주색 꽃무늬가 그려진 머그잔. 이 잔으로 커피도 마시고, 물도 마시고, 가끔은 한약도 마시고.

손때가 제법 많이 묻어 정이 든 잔이다.

2년 전쯤에 우리 가게에서 근무한 희숙 씨한테 크리스마스 선물로 받았다. 씩씩하고 활달한 성격의 희숙 씨는 별명이 맥가이버다. 전기 일이나 수도 파이프든 무엇이나 척척 다 해결을 했다. 남자보다 힘이 더 세다고 우리가 감탄할 만큼 쌀가마도 번쩍 들었다. 정확하고, 성실하고, 그리고 항상 겸손하게 행동했다.

돈의 가치를 제대로 알고 있는 희숙 씨는 매사에 알뜰했다. 아까운 줄 알아서 매끼 먹는 밥도 귀하게 대했다. 자신의 일은 자신이 다 처리를 했다. 부모에게 도움받지 않고 아침저녁 아르바이트까지 해서 충당을 했다.

잠시도 쉬지 않고 일부러 일을 찾아서 했다. 서글서글한 성격, 그리고 듬직한 체격 …. 닥치는 대로 일을 찾아 정말 열심히 해주었고, 우리 집에 와서 12kg이 빠졌다고, 돈 벌고 살 빠지고 … 일석이조 아니냐고 즐거워했다.

내가 가게를 처음 하니까 모르는 게 많았다. 그럴 때마다 희숙 씨가 넌지시 내게 충고를 해주곤 했다. 이건 이렇게 하세요. 저럴 때는 어떻게 하는 게 좋아요. 알바생 일 시킬 때는 이렇게 하세요.

기분 상하지 않게 야단치는 법도 가르쳐 주었다. 안 해본 아르바이트가 없었노라는 희숙 씨, 그래서 그 양면을 너무나 잘 알고 있었다.

우리 집에서 일이 끝나면 학원에 갔다. 애완동물 샵을 경영하고 싶다며 열심히 다녔다. 얼마 뒤 자격증 시험에 붙었다고 아주 좋아했다. 두 가지 일을 할 수가 없다며 우리 가게를 그만두었을 때 많이 서운하고 아쉬웠다.

그러나 희숙 씨의 장래를 생각하면 잘한 선택이다. 경력을 쌓아서 본인의 가게를 꼭 갖고 싶어했는데, 지금은 그 꿈이 이루어졌기를 바란다.

언제가 한번 지나가는 길이라며 환하게 웃고 왔다.

"보고싶어서 들렀어요."

예전처럼 활달했고, 힘이 넘치는 자신감도 여전했다. 함께 일하던 사람이 다시 찾아오면 정말 기쁘다. 함께 있으면서 맘 상하고 갈등 생길 일이 왜 없었을까. 그러나 크게 어긋나지 않고 잘 지냈었기 때문에 편안하게 들르고 반갑게 맞을 수 있었다고 생각한다.

뜨거운 커피를 마시다가 문득 희숙 씨 생각이 났다.
지금쯤 결혼을 했을까?
본인 애견샵을 운영하고 있을까?
아니면 아직도 더 경력을 쌓고 있을까?
살면서 만난 인연 중에 그리운 이름이다.

죽 쑤는 게 더 힘들어요

"안녕하세요? ○○ 생명에서 홍보차 나왔습니다."
"네, 수고하시네요."
"요즘 장사는 잘 되세요?"
"다 비슷비슷하지요. 좀 풀려야 할 텐데요."
"그래도 이 집은 맛있다고 소문이 났잖아요!"
"글쎄, 소문은 소문이지요. 매상과 연결이 안 되면 …."

팜플릿과 명함을 들고서 두 사람이 왔다. 이런저런 사회 전반의 경기 흐름과 앞으로의 불투명한 전망을 그려보기도 하면서 이른 아침 그 보험회사의 홍보요원과 한참 이야기를 나누었다.

신문에서야 경기가 조금씩 풀릴 기미가 있다고 띄우지만 직접 현장에서의 움직임은 그렇지가 않다. 여기저기서 들어보면 최악이다라고 한다. 물론 우리 집도 그 불황의 그늘에서 멀리 있지는 않다. 예전과 비교하면 많은 마이너스 상태다. 아, 옛날이여!라는 말을 종종 하고 있으니 ….

경기가 바닥을 쳤다고 해서 이제 올라가겠지 했었다. 그랬는데 바닥에서 지하로 내려갔다. 이제는 더만 내려가지 않았으면 하는 바람이다. 확 풀릴 것을 기대해도 시원치 않을 판에 지금 이대로라도 유지되기를 바라고 있으니 안타깝다.

"글을 쓰시는 것 같은데 맞지요?"

"네, 그렇다네요."

"어쩐지 느낌이 그랬어요."

"관상도 보시나봐요?"

"그런데 일하시면서 언제 글을 쓰세요?"

"죽 안 쑬 때 쓰지요."

"죽 안 쑬 때요? 아하, 그렇군요."

하하하 큰소리로 시원하게 웃고 나서 묻는다.

"많이 힘드실 텐데 어떤 게 더 힘드세요?"

뭐가 힘들고 뭐가 덜 힘들까. 육체노동과 정신노동의 비유가 맞는지 모르겠다. 죽 쑨다고 무조건 육체노동이 아닌데, 시를 쓴다고 다 정신만 쓰는 게 아닌데. 나름대로 두 가지를 다 필요로 하는 노동이다.

고객을 찾아서 발로 뛰는 사람들, 보험회사 직원이 아니더라도 우리 주변에 아주 많다. 가만히 앉아서 기다리는 시대는 오래 전에 지났다. 아침부터 저녁까지 이곳저곳 발품을 파는 사람들.

나는 한번도 가게를 홍보한 적이 없었다. 처음 개업하면서도 전단지도 돌린 적 없고, 볼펜 한 자루 주지 않았다. 정성껏 맛있게, 재료 속이지 않고 하면 된다고 믿고 왔다. 누군가 내게 그랬다. 당신은 배짱부리며 장사한다고. 배짱은 부릴 만하면 부려야 한다. 당당한 배짱은 장사의 자본이 되기 때문이다.

재정적인 게 아니더라도 도움이 필요하시면 언제든지 전화해 달라며 나가는 뒷모습이 쓸쓸하다. 세상에 쉬운 일은 하나도 없음을 다시 깨닫게 된다.

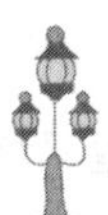

사라진 누드 그림

"아니, 저기 걸렸던 그림 없어졌네요?"
"네 …."
"어디로 갔어요? 아니, 왜 떼었어요?"
"팔렸어요."
"남자가 사갔나요?"
"아니오. 여자분이 사가셨어요."
"여자가요?"
뜻밖인가 보다.

우리 가게 맨 뒤쪽 벽에 전신 누드 그림이 걸려 있었다. 꼬박 1년을 벽에 있었다.

자주 오는 육순의 남자분이다. 처음 그림이 걸릴 때도 제일 궁금해 한 분이다.
"저 그림 그린 화가 유명해요?"
"글쎄요. 뭐가 유명한 것인지요?"
"저기 함께 쓴 시도 화가가 쓴 거예요?"

"네. 시도 쓰시는 분이지요."
"저 화가 이름이 뭡니까?"
"김한성 화백입니다."

사라진 그림이 있던 벽을 연신 바라보며 아쉬워한다. 송년 모임 때 회원들의 그림을 걸었는데 몇 개는 팔리고, 몇 개는 본인이 가져가고, 시만 써 있는 그림과 뒷모습 누드 한 점, 그리고 문제의 정면 누드 그림이 남아 있었다.

김 화백께 언제 떼어가라고 했는데 무게도 있고 급할 것도 없다 하여 우리 가게 벽에 여적 걸려 있었다.

긴머리의 젊은 여자 그림이다. 두 팔을 뒤로 돌려 깍지를 끼고 무릎을 꿇고 있는 정면모습, 자세가 그렇다 보니 가슴과 음모까지도 그려져 있다.

누드에 대한 편견은 참 여러 형태다. 작품으로 보면 될 것을 굳이 옷 벗은 여자로만 본다. 그 벗은 여자를 보면서 무슨 생각을 할까.

사람의 몸이 얼마나 아름답고 신비한가. 그 아름다운 곡선을 보라. 남자의 몸이든 나이든 중년의 몸을 그렸든 각자의 몸에서 풍기는 향기가 있기 마련이다.

"에이, 너무 세세하게 그렸어."

"좀 대충 그리지 … 쯔쯔쯧 …."

그렇게 못마땅한 평을 했다. 민망하다는 표현을 하면서도 관심은 끊이지 않았다.

막상 그 그림이 없어서 서운했는지 아니면 개운했는지, 식사를 다 마칠 때까지 함께 온 일행과 그림 이야기를 했다. 얼마에 팔렸는가도 궁금해 했다.

그림장사가 아니고 후원금을 모으는 차원에서 액자값에다 약간의 성금을 받는 정도이다. 그 액자값은 광주의 봉사단체에 보낸다. 작은 마음이지만 도울 수 있으니 얼마나 감사한가.

태어날 때 알몸으로 태어나서 알몸으로 돌아간다. 그 알몸을 알몸 그대로만 볼 수는 없을까?

청계천 흘러가고

쉬는 일요일, 오랜만에 아들과 보냈다.

청계천을 찾았다. 언론에서 매일매일 이야깃거리를 알려주니 가보지 않았는데도 별반 낯설지가 않고 눈에 익었다.

청계천 물가에 새로 만든 길을 걸었다. 양쪽으로 사람들은 질서를 잘 지키며 걸었다. 우리네 사회의식이 많이 성숙한 것을 느꼈다.

사람의 물결이 청계천 물결보다 급물살로 흘렀고, 다시 벅차게 거슬러 올랐다. 아들에게 물가에 심겨진 풀꽃의 이름을 알려주었다. 저것은 물억새, 벌개미취, 그리고 옥잠화 ….

물 위를 떠가는 한 쌍의 오리, 참 평온해 보인다.

저 오리의 이름은 뭘까?

아마, 청둥오리일꺼야.

징검다리 건너면서 물에 빠질까 내 손을 꽉 잡던 아들, 유난히 겁이 많아서 흘러가는 물살에 멀미를 냈다. 디카로 사진을 찍고, 어디 물고기라도 있을까 물 속을 살폈다.

물고기는 보이지 않았지만 여느 개울처럼 맑게 흘렀다. 사람이 너무 많아 뒷사람에게 떠밀렸다. 이런 것도 다 추억이 될 거라고 아들에게 이야기하면서 아주 어렸을 적 추억을 꺼내주었다.

어린날의 기억을 한편 한편 들추어내면 언제 그런 적이 있었느냐고 신기하게 듣는다. 기억이란 각자 머릿속에서 불쑥불쑥 예고 없이 오는 것이다. 잊은 것 같은데도 아주 선명하게 보이기도 하고, 아하, 그런 게 있었지 하고 놀라기도 한다.

참 오랫만에 아들과 손잡고 데이트를 즐겼다. 손에서 손으로 전해오는 느낌, 내 손 안에 폭 쌓이던 작은 손, 이제 내 손이 아들의 손 안에 담겼다. 너무 말라서 손가락뼈가 다 잡히는 손.

"야, 이게 나무토막이지 손가락이냐? 뭘좀 많이 먹어야지, 너무 말랐어."

세상 부모 마음 다 그렇다고 하지만 유독 나는 아들에게 더 마음이 간다. 우리 제도교육에 반기를 든 아들, 모범생이라서 속 한번 썩이지 않은 딸들과 달리 세상에 섞이지 못하고 힘들어 하는 모습이 늘 아프다.

언제쯤 세상과 타협도 하고 힘겨루기도 하면서 살까. 세상과 합류하고 세상과 타협하면 과연 내 아들은 무엇을 얻을까. 지금 그대로 사는 게 어쩌면 더 행복할 수도 있는데 나는 세상의 틀 속에 아들을 담으려 하고 있다.

작고 사소한 행복

일 년에 서너 번쯤 오는 일본 고객이 있다. 두 분이 꼭 함께 온다. 나이는 오십 후반쯤 된다.

2년 전에 처음 왔었는데 서울에 올 적마다 우리 가게에 온다. 아침에 못 오면 저녁에 온다. 유난히 죽을 좋아하는 분들이다.

"오이씨이, 오이씨이(おいしい)"라고, 맛있다고 연신 칭찬을 한다.

지난 봄쯤에는 작은 선물을 내놓았다. 작은 봉투에 담긴 것은 일본 과자 한 봉지였다. 우리 정서에는 이게 뭐야?라고 웃겠지만 일본 사람들은 작은 선물도 대단하게 생각한다. 체면치레를 중시하는 우리네야 어떻게 선물이라고 이렇게 사소하고 작은 것을 할 수 있을까 하고 의아해 한다.

그러나 일본인들은 그렇지 않은 것 같다. 작은 것에 감동하고, 그 작은 선물을 당연하게 생각한다. 그 작은 선물 봉지를 보면서 우리 문화와 비교해 봤다. 문화란 여러 형태로 각양각색이다. 나라마다 차이는 있지만 사람 속에서 느낌은 비슷하다. 서로 마음을 나누는 아주 작고 사소한 것, 그 속에서 참 문화의 향기를 맡게 된다.

이번에도 우리 가게에 오면서 내 선물이라며 작은 봉지를 내놓았다. 생선으로 만든 과자인데 맛이 고소했다. 올 때마다 작은 과자 한 봉지를 들고 오는 저 마음, 맛있는 죽 먹게 해줘서 고맙다는 소박한 마음, 나를 생각하며 준비했다고 생각하니 가슴이 찡했다.

아침에 그 일본 고객이 일본으로 떠났다. 일본에 가져가고 싶다고, 일본 가족에게 맛보이고 싶다고 포장을 해달라고 부탁한다.

포장용기가 튼튼하고 밀폐용기라서 별 무리가 없다. 소고기 버섯죽과 야채죽을 포장했다. 그리고 우리 집 별미인 오징어젓갈도 한 통 포장을 했다. 여러 겹 비닐에 담고 비행기 안에서 죽이 쏟아지는 일이 없도록 아주 단단하게 포장해 주었다. 그분들은 연신 고마워하면서 즐거워했다. 다음에 또 오겠노라고 손을 흔들며 떠나갔다.

사람과 사람의 만남, 작고 사소하지만 얼마나 감사하고 귀한가.

지그재그 인생

아침 7시 20분에 집에서 나온다. 버스를 타는 시간이 7시 35분에서 40분, 늘 같다. 이른 시간인데도 버스에는 좌석이 거의 없다. 그래서 서서 출퇴근을 한다. 어쩌다 좌석이 있으면 큰 횡재라도 한 것처럼 반갑다.

논현동 영동고등학교 앞에서 타고 시청앞에서 내린다. 별로 밀리지도 않고 길이 툭 트여서 버스로 하는 출퇴근이 그리 힘든 줄 모르고 다닌다.

오늘 아침은 버스에 오르자마자 몸이 앞으로 쏠렸다. 서 있는 사람이 대충 열 명 정도, 길이 구불대는 코스도 아니고 비포장도로도 아닌데, 서울에서도 우수한 도로인데 버스가 너무 흔들린다. 정차할 때도 울컥울컥, 운행중에도 흔들흔들, 도무지 몸을 제대로 지탱하고 서 있기가 힘들다.

앞 운전대를 보니 오십 중반쯤 되는 반백의 기사다. 젊은 양반도 아닌데 어째 운전이 이리 난폭할까. 한남대교 진입할 때는 신호도 위반하고 좌회전을 한다. 뒤에 줄줄이 신호를 기다리는 차들이 서 있었다.

초보운전은 아닐 텐데, 초보 운전자는 버스운전을 할 수 없을 게다. 시내버스 운전을 할 정도면 경력도 만만치 않을 텐데 이상하다.

그런데 그런 상태가 계속된다. 슬슬 속이 메스껍기 시작한다. 몸은 의자에 밀리고, 두 손으로 천정의 손잡이를 힘껏 잡고, 두 다리는 힘이 실리고 그래도 몸이 흔들린다. 옆에서 사람들 불퉁거리기만 하지 누구 하나 나서서 말하지 않는다.

내가 한마디 해야겠다고 생각했다. 그런데 너무 속이 울렁거려서 말도 하기 어려웠다. 시청앞까지는 앞으로도 5개의 정거장이 있는데 중간에 내렸다.

한남동 단국대학교 앞에서 내려서 다른 버스를 기다렸다. 버스 표지판에 아까 버스의 회사 전화번호가 있다. 차번호는 내가 머릿속에 외우고 있었다. 가게에 와서 전화를 하리라 생각하고 외웠다. 그랬는데 친절하게도 전화번호가 안내되어 있었다.

여차저차 해서 도중에 내렸고, 늘 그 차로 출퇴근을 하는데, 이런 경우 처음이지만 문제점이 많아서 전화합니다.

기사양반이 어디가 아픈가, 아니면 초보인가.

회사직원은 친절하게 전화를 받았고, 앞으로는 그런 일이 없도록 주의를 주겠다는 약속을 했다.

어지간하면 누가 버스회사로 전화를 하겠는가? 당시에는 화가 났지만 버스에서 내리면 잊기 마련이고, 또 다시 저 기사 만날까 싶어 그쯤에서 끝낸다.

대중교통 요금이 오를 때마다 한번도 빠지지 않고 등장하는 게 있다. 청결, 서비스 개선, 친절과 안전운행 …. 매번 구호 같은 단어를 들고 나오지만 시민들은 대부분 그러리라고 기대도 하지 않는 게 현실이다.

버스기사는 회사에서 주의받을 테고, 징계를 먹을 수도 있고, 그러면 기분 불쾌할 것이다. 그러나 다른 것이 아닌 생명과 연결된 것이기 때문에 두리뭉실 넘어가는 게 능사가 아니라고 본다. 사고가 나고 나서야 그랬다네, 저랬다네 … 미리 막을 수 있었는데 하고 아쉬워하지만 이미 버스 떠난 뒤다. 버스 떠나기 전에 세워야 하지 않을까.

쓸쓸한 구걸

"나 굶어 죽으면 어떻게 할거예요?"
"왜 굶어 죽어? 일을 해서 살아야지."
"죽으면 어떻게 할거냐구요?"
"이 사람아, 그걸 왜 나한테 물어?"

아침 일찍 가게문을 얌전하게 밀고 오는 여자가 있었다. 나이는 서른 이쪽저쪽. 날씬한 몸에 청바지를 입고 티셔츠도 그런 대로 입어서 처음에는 손님으로 알았다. 손에서 작은 메모지를 보여준다.

아하, 일본 사람인가? 가끔 일본 사람들은 이렇게 메모지를 들고 오기도 하기 때문이다.

"불우이웃돕기"

여차저차 도와달라는 소개글도 없고 그냥 '불우이웃'만 써 있다. 얼마나 손때가 묻었는지 종이가 보얗게 폈다. 글씨도 흐려지고 꼬깃꼬깃한 게 오래 써먹었나 보다. 아무리 벙어리지만 너무 말짱하고 젊다.

내가 손사레를 저었다. 동냥을 줄 수 없다는 거절의 표시를 했다. 드나드는 사람 다 주려면 많은 날은 열 손가락 꼽는다. 갑자기 빠르고 정확한 발음으로 대꾸를 한다.

“저 어제 저녁도 못 먹었어요.”

“벙어리 아니네?”

아무 말도 하지 않고 다시 손사레를 쳤다. 몸이 불구도 아니고 그렇다고 다 늙은 할멈도 아니고, 새파랗게 젊은 여자가 아침부터 동냥질이라니 ….

“정말 배가 고프단 말예요.”

“젊은이가 벌어먹을 생각을 해야지.”

물론 배가 고프니까 구걸을 하러 다니겠지만 시쳇말로 눈 똑바로 뜨고 구걸이 아니라 따진다.

이제는 사람을 봐가며 동냥도 준다. 자주 오는 단골도 있지만 나이 든 사람이나 몸이 성치 못하면 준다. 가끔은 아침 노숙자 취객이 들른다. 야단치기도 하고 그냥 보내기도 한다. 어떤 노숙자는 동전을 줬더니 바닥에 패대기치기도 한다.

“동전 가져갈껴, 아니면 그냥 갈껴?”

두 번 물어보고 대답하지 않으면 내가 주워서 도로 담아버린다. 성한 몸으로 구걸하는 것도 부끄러울 텐데 주는 돈이 적다고 버리다니, 아무리 험악하게 굴어도 절대 주지 않는다.

이제는 나도 대충은 사람을 구별하는 관록(?)이 붙었다. 너무 나약하게 보이면 의기양양으로 덤빈다. 오히려 내쪽에서 강하게 하면 다소곳해지는 경우가 많다.

가진 사람에게, 힘센 사람에게 굽신거리고 알아서 약해지는 것, 비굴함은 어느 곳에나 있다. 우리 사회의 단면을 보는 것과 다름이 없다. 물론 오죽하면 동냥을 하겠느냐고, 다 나름대로 딱한 사정이 있을 것이라고, 몇 푼 줘서 보내지 야박하게 굴건 뭐냐고 이렇게 혀를 차는 사람도 더러 있다. 그러나 그것은 옳지 않다.

구걸을 해도 구걸답게 하라면 억지일까? 주는 돈이 적든 많든 고맙게 받아가라는 것이다. 은행에 맡겨둔 내 돈 찾으러 가도 얼마나 예의를 갖추는가!

잃어버린 우산

"내 우산 오늘 아침에 방배동에서 산 거예요. 만 이천 원이나 주고 산 3단 우산이구요."

"이상하네, 왜 우산이 없어졌지? 우산이 많으니 천천히 찾아보세요."

"아, 이렇게 뒤집어도 없는데 어떻게 하실꺼요? 만 이천 원이나 주고 방배동에서 샀는데 …."

사십 초반의 남자분이 화를 벌컥 낸다.

요즘 만 이천 원짜리 우산 흔치 않고 또 비싼 돈 주고 사지도 않는다. 삼천 원, 오천 원이면 얼마든지 고를 수 있고 괜찮다. 그런데 그 손님은 만 이천 원과 방배동에서 샀다는 것을 연신 반복하고 강조한다.

"그럼 제 우산이 새 것이 있는데 이것을 드리지요. 어쨌든 죄송하게 되었습니다."

"어, 이건 2단이잖아! 내 것은 3단 우산인데 …."

옆에서 함께 온 여자가 약간 민망해 하고 미안해 하면서 거든다.

“아이, 됐어요. 새 우산 주시잖아요.”

비가 내리는 날은 우산통 준비가 첫째다. 빗물 뚝뚝 떨어지니 우산을 들고 의자에 앉게 되면 여러 가지 문제가 있다. 긴 우산꽂이와 작은 우산을 담을 수 있는 키 작고 넓은 통을 준비해 둔다. 예전에야 우산도 귀했으니 그러려니 하지만 요즘 누가 남의 우산 가져가지 않는다. 우리 가게에서 한번도 우산이 바뀌거나 분실된 적이 없었다.

예전이야 먹고 살기 어렵고 돈 귀했으니 우산도 귀했다. 갑자기 비가 오면 비닐우산을 샀는데, 그것도 선뜻 산 것은 아니다. 망설이다가 빗줄기가 너무 굵거나 갈 길이 멀면 어쩔 수 없이 산다. 지금은 비닐우산 보기가 하늘의 별따기다. 파란색 비닐우산이 거리를 파랗게 수놓던 시절이 먼 옛날도 아니다.

점심시간이 거의 끝나갈 무렵, 휑뎅해진 우산통을 보니 우산 한 개가 남아 있다. 오늘 샀다고 하였지만, 글쎄다. 하여간 3단 우산이 한 개 남아 있다. 그럼 그렇지, 누가 남의 우산을 들고 가랴. 차라리 점심 한 끼를 거르면 될 것을 치사하게 남의 우산 들고 갈까.

“2단 우산이라고 투덜대고 가져갔는데 저것은 3단 우산이니 잘 되었다. 내가 백에 담아서 다녀도 되겠구나.”

바닥에 깔린 우산을 펴서 확인했더니 쓸만은 하다. 내가 직원에게 새 우산 들려보내고 이것 건졌다고 했더니 앞자리에서 식사하던 손님이 눈 맞추며 웃는다.

한 개의 우산이 던져준 교훈이 여러 개다.

죽쑤기 전쟁

이른 새벽부터 전복죽 170개를 쑤었다. 지난밤 재료는 다 준비를 해두었었다. 7시에 차를 갖고 온다 했으니 그 시간에 맞추려면 보통일이 아니다.

도시락 170개, 말이 170개지 정말 장난이 아니다. 도시락 한 개에 반찬 4가지에다 수저, 젓가락, 냅킨까지 ….

철도청에서 전화가 왔다. 국정감사 기간인데 아침식사를 준비해야 한다고, 기차에서 가볍게 요기를 해야 해서 죽을 맞추기로 했다고, 100인분이 필요한데 해줄 수 있느냐고.

그동안은 다른 곳과 거래를 했었는데 지난번 시간약속을 지키지 않아서 낭패를 보았단다. 그러니 약속을 꼭 지켜야 한다고 못박는다.

우선 숫자가 많으니 여차 하면 시간엄수가 어렵다. 일반 도시락은 밥을 담으니 식어도 괜찮지만 죽은 따뜻하게 먹어야 하니 그 시간에 맞는 온도 유지가 정말 어렵다.

그렇다고 미리 쑤어서 둘 수도 없고 바로 바로 쑤어서 담아야 하니 갯수에 눈이 멀어 계산기로 대충 계산하면 위험천만이다. 정말 남의 행사 죽 쑤는 꼴이 되기 십상이다.

어떻게 우리 집을 찾으셨냐고 물었더니 입소문을 들었단다. 것도 대전 사는 직원한테서 들었는데 맛있고 깔끔하다고 추천을 해주었단다. 그래서 아침 8시 출발하는 기차에 실수 없이 배송하기로 하고 주문사항을 상세하게 받았다.

다음날 오후 이번에는 중소기업청이라고 전화가 왔다. 그곳에서도 같은 기차로 가는데 우리 집을 추천받았단다. 70개, 철도청 예약에 지장 없으면 해달랜다.

"그곳 죽이 얼마나 맛있는지 여기까지 소문이 났어요."

참 기분 좋은 칭찬이다.

숫자가 두 곳이 겹치니 무리가 되는 것은 사실이다. 그러나 이런 기회는 흔치 않고 또 소개까지 받았다는데야 …. 즐거운 비명이라고 주방실장과 머리를 맞대고 의견을 나누었다.

아침에 제일 일찍 출근이려니 했는데 벌써 나와 있다. 육수 끓이고 박스 챙기고 하나라도 실수하면 안 된다고 착하고 민첩한 미정 씨가 부지런히 일을 하고 있다. 뒤이어 나머지 식구들이 금방 다 나왔다. 오자마자 팔 걷어붙이고 전부 주방으로 들어가서 준비를 했다.

6시 40분, 도시락 박스를 다 묶어놓고 나니 짐차가 온다. 행길에 수북이 쌓인 박스들, 세상에 많기도 해라. 용달차에 가득이다.

실수 없이 일을 끝내서 아주 홀가분하고 기분이 좋다. 행사 준비하는 직원들 따로 식사하라고 각각 6개씩 담아줬다. 괜찮다고 사양하는 것을 고마운 마음의 표시라고 했더니 웃는다. 고맙다고 수고했다고 손을 흔들며 용달차가 떠났다.

새벽 3시 반 출근하느라 잠을 설친 식구들, 뒷쪽 긴 의자에서 단잠에 빠졌다. 두 시간 정도 눈을 붙여도 될 것 같아서 한숨 자라고 등떠밀었다. 실내불도 다 껐다. 불빛이 있으면 잠이 잘 안 들 테니까.

아, 다르고 어, 다르고

"한가하실 때 전화 주세요."
"한가할 때가 아니고 생각날 때 할께."
전화 통화내용의 일부다.

물론 한가해서, 심심해서, 그럴 때 내게 전화를 해달라는 게 아니었다. 그 한가할 때라고 한 것은 내가 생각날 때, 이야기하고 싶을 때, 그런 때 전화를 해달라는 것이었다.

바쁜 시간 억지로 잘라서 하는 전화는 내편에서 미안하고 부담스러울 수도 있으니 여유롭게 시간이 날 때가 더 좋지 않겠느냐는 나름대로의 배려였다.

그런데 그 생각날 때 하겠다는 말을 듣고 많은 생각을 했다. 우리가 일상적으로 대화하면서 셀 수 없는 오류를 범하고 있다는, 일부러는 아니지만 무의식적으로, 아니면 습관적으로 말을 하게 되고 듣게 된다.

말을 할 때 신경써야지 하면서도 잘 되지 않는다. 지나고 나서 후회를 하기도 한다. 본 의도는 그게 아닌데 전달이 잘못되는 경우가 많다. 같은 뜻을 전달하면서도 듣기에 따라서 기분이 좋기도 하고 나쁘기도 하다.

흔히 쓰는 말이 있다. 아, 다르고 어, 다르다. 왜 그렇게 쓰느냐.

말이란 의도와 달리 때로 혼란을 줄 때가 있다. 같은 의미의 말이었는데 단어 선택이라든가 표현방법에서 전혀 다른 뜻으로 해석 될 수 있기 때문이다.

마주보고 앉아서 하는 대화는 바로바로 이해가 되거나 설명을 하거나 해서 오해의 소지가 적어진다. 그러나 전화나 글로 하는 이야기는 의도와 다르게 바뀌는 게 많다.

한가할 때 전화하는 것과 생각날 때 하는 전화는 의미가 전혀 다르다.

마음에 잔잔한 감사가 흘렀다. 한가할 때가 아닌 생각날 때…라는 그 말에.

장미 할아버지

오늘도 할아버지 손수레에 과일이 수북하다. 가을내음 물씬 풍기는 과일수레. 사과, 배, 포도, 철늦은 참외와 아직 빠른 풋감과 한켠에는 노란 바나나까지 수레에 실려 있다.

"포도 사요, 사과 배도 있어요."

과일수레가 힘에 부칠 것 같다. 할아버지 연세가 대충 칠십 중반쯤은 되어 보인다. 이 골목 저 골목 온 종일 목청 돋우며 손수레를 밀고 다닌다.

여러 동네를 돌다 보니 매일은 아니고 하루 건너씩 가게 앞을 지난다. 과일은 중간 정도의 품질로 괜찮고 가격 또한 저렴하다. 정류장 앞에서 버스 기다리는 사람들이 오며가며 팔아준다. 항상 씩씩하고 시원시원한 할아버지!

과일 한복판에 빨간 장미 한 송이가 꽂혀 있다. 계절 상관없이 장미꽃이 꽂혀 있지 않는 적이 없다.

과일 속에 한 송이 빨간 장미꽃.

사람들의 시선을 끌기에 충분하다.

챙 넓은 밀집모자를 쓰고 굵은 검정 뿔테 안경을 콧등에 걸치고 여름이면 하얀 런닝셔츠만 입고서 다닌다. 저 연세에 일을 하시는 분이 많지 않다. 그것도 과일행상은 많은 노동력과 체력이 소모된다. 젊은 사람도 힘든 일일 텐데 항상 즐겁게 한다.

요즘 젊은 사람들도 3D업종은 힘들다고 안 하려 한다는데, 그래서 그쪽에서는 사람 구하느라 애로가 많다는데, 편하고 쉬운 일을 찾는 젊은이들이 보면 어떤 생각이 들까. 열심히 일하는 모습을 보면서 존경심도 들고 조금은 부끄럽기도 하다.

잠 모자라다고, 오후 되면 다리 부었다고, 왠 세금이 이리 많이 나오느냐고, 카드 수수료 장난이 아니라고, 이제는 현금영수증까지 끊게 만들었다고, 배부른 투정 한 게 너무나 많다.

오늘도 할아버지는 빨간 장미꽃을 가운데 꽂고 지나간다. 찬바람이 부니 런닝셔츠 대신 남방을 입으셨다. 추석대목이라서 다른 날보다 과일이 더 높이 쌓였다.

가족을 위해서 과일행상 하시는 늙은 아버지, 그 참 사랑이 장미보다 아름답다.

몸은 힘들어도 마음 편한 게 최고라는 말, 그 말의 깊은 뜻을 할아버지께 배운다. 할아버지 얼굴 주름이 하회탈처럼 굵다. 그 주름살 사이로 장미꽃 향기가 흐른다.

"장미 할아버지, 한가위 잘 보내세요."

죽집 아줌마와 시인

빨간색과 청색이 섞인 짙은 줄무늬 남방이 화려하다. 저렇게 원색의 배합이 잘 조화되기도 어렵고, 그 어려운 색의 옷을 소화해내기도 그리 수월치 않다. 너무 강열하게 튀는 두 색상이다.

60대의 남자분이 그 원색의 옷을 잘 다스려 입고 오셨다. 내가 첫 시집을 낸 겨울이었다. 이른 아침 배달된 시집을 정리하고 있은데 문을 열고 들어왔다.

"너무 일찍 왔는데 식사 됩니까?"

"준비중인데 빨리 해드릴께요."

"그런데 무슨 책이 이렇게 많아요?"

"네, 제 시집이예요."

"아니, 아주머니 시집이란 말이예요?"

두 눈이 동그랗게 커진다.

자주 오시는 분인데 오고가는 대화라는 게 그게 그것이다. 일상적인 안부와 그날의 날씨, 아니면 뉴스에서 본 화젯거리. 손님과 나누는 대화란 틀이 빤한 것 아닌가.

"저한테 한 권 주시면 안 될까요?"
"변변한 시집도 아닙니다."
"무슨 말씀이세요. 저 시 좋아합니다."
"이제 짐 풀렸으니 첫 권을 드리게 되었네요."
"이거 영광입니다."

우연하게 내 첫 시집을 드리게 되었다. 그후로 함께 오는 일행에게 먼저 나를 소개해 줬다. 시인이라고 뭐 특별할 것도 없는데 항상 강조하며 소개를 했다.
"사장님이 시인이셔, 나도 깜짝 놀랐지."

오늘도 일행 셋이서 다녀갔다. 민망하게도 같은 소개를 또 한다. 그럴 때마다 옆에서 듣는 이 또한 의아하게 본다. 죽집 아줌마는 그냥 죽집 아줌마만 해야 되는지 ….
죽집 아줌마가 시를 쓰다니, 아니다. 시인이 죽을 쑤다니 ….

전혀 다른 사람이라고 생각되나 보다. 빨간색과 청색이 다르듯이 우리가 갖고 있는 사고의 틀이란 한정되어 있다는 느낌이 든다.
좁은 우리 안에서 뱅뱅 돌고 있는 단순한 사고, 빨간색과 청색의 어울림이 나를 깨운다. 그러고 보니 내 머릿속 울타리부터 치우지 못했다.

대통령도 거짓말을 하는데

"전복죽에 정말 전복 넣어요?"

"무슨 말씀이세요? 전복죽에 전복을 안 넣으면 뭘 넣어요?"

"요즘 전복이 비싸니까 소라를 쓴다는대요. 얼마 전 티브이에도 나옵디다."

"그런 일이 있대요?"

"하기사 대통령도 거짓말을 하는데 죽집에서 못해요?"

"전 대통령이 아니잖아요."

"하하하하. 그런가요?"

"몰랐는데 손님이 한 수 가르쳐 주시네요."

"그랬어요? 하하하"

그 손님의 큰 웃음소리가 너무 마음을 서글프게 했다. 아무리 세상이 불신시대라지만 이건 좀 심하다. 어떻게 전복죽에 소라를 대신 쓴다는 말인가. 그럼 차라리 소라죽이라고 해서 내놓아야지, 전복값이 비싸기로 재료를 속여서 팔면 얼마나 큰 이익이 있다고.

물론 재료값이 자꾸 오르는데 음식값은 제자리걸음이니 수지타산이 잘 맞을 리 없다. 그렇다고 소라를 전복으로 둔갑시키는 요술을 부려서야 ….

가끔 재료를 가지고 요것저것 따지듯 물어오는 분들이 더러 있다. 중국산이냐, 국산이 어딧느냐.

한번은 시골에서 농사를 짓고 있다는 아저씨가 오셨다. 녹두죽을 주문하면서 단정적으로 말한다.

“중국산 녹두지요?”

“아니예요. 저흰 중국산 안 씁니다.”

“촌에도 녹두 구하기가 별따긴데 무슨 국산 녹두예요.”

“농협에서 사다 쓰는데 국산 틀림없지요.”

“에이, 농협이라고 다 믿어요? 중국산 들여다 국산팻말 붙여놓고 팔겠지요. 그 많은 국산이 다 어디서 나와요.”

농사 지으시는 분이 농협도 못 믿겠다니 어디서부터 불신의 싹이 트기 시작했을까? 무조건 부정적인 시각으로 몰아붙일 때는 어떻게 설명을 할 수도 없다. 그동안 물건을 사거나 음식을 사 먹으면서 많이 속지 않았으면 그런 마음을 갖지 않았을 게 아닌가. 작은 이익 몇 푼에 양심을 파는 일부 상인들 때문에 도매값에 넘어간다.

그런저런 소문에 별 관심이 없다. 내 철학이 정직인데 뭘 신경 쓰고 속상해 할 필요가 없기 때문이다. 소라가 전복으로 둔갑하는 것을 어찌 상인 탓만 해야 되나. 양심의 실종은 일부일 것이고, 정직하고 바르게 장사하는 사람이 훨씬 많으리라.

초심이란 무엇일까

삼 년 가까이 한 집에서만 고기를 주문해 왔다. 장조림용 홍두께살과 민찌라고 하는 살코기 간 것, 그렇게 두 가지를 꽤 많이 쓴다. 사나흘에 한번씩 찢는 장조림 고기가 스무 근씩 만만치 않다. 한달이면 얼마나 많은 양의 장조림 고기를 찢고 또 찢는지.

처음에는 질 좋은 고기가 왔었는데 어느 날부터 질이 떨어졌다. 전화로 항의를 하면 다음 한두 번은 다시 좋은 게 왔다. 술래잡기 하듯 잔소리 해가며 그 집과 거래를 해왔다.

그러기를 삼 년의 세월이 흘렀다. 마음으로는 거래처를 바꿔야지 하면서도 못했다. 다음에는 좋은 걸로 오겠지, 되도록이면 좋은 쪽으로 맘을 뒀다. 그때 그때 대금을 결재하면서 외상집처럼 대접을 받은 셈이다.

드디어 결정적인 고기가 배달이 되었다. 장조림이 아니라 나무토막 썩은 것처럼 푸석거리고 찢어지질 않고 툭툭 끊어졌다.

한번 맺은 인연은 되도록이면 오래 이어가고 싶어한다. 그 인연이 어떤 것이든 다 소중하기 때문이다. 처음과 달라지는 배신감에 많이도 속상했었다. 당장 거래처 바꾸면 되지만 사람 관계가 어디 그리 쉬운가. 끙끙 앓기를 수없이 반복하고 또 믿어보고, 여적 그리 지냈다.

이번에는 망설임 없이 거래처를 바꿨다. 처음 거래라서 신경을 써주는지 좋은 물건이 온다. 지난번에는 거리가 멀기 때문에 전화로 주문을 했었다. 지금은 남대문시장이기 때문에 직접 가서 본다. 무조건 좋은 것을 요구하지 않는다. 처음처럼 한결같은 물건을 사고 싶다는 것이다.

대부분 나는 다리품을 파는 편이다. 경동시장도 자주 나가서 직접 장을 본다. 분량이 많은 물건은 택배 배달보내고 등에 지고 양손에 들고 온다. 매번 시장에 들러서 싱싱한가, 가격은 적당한가 따져본다. 처음에는 뭐가 뭔지 잘 몰라서 힘들었다. 이제는 대충 눈에 보인다. 버섯을 만져보지 않아도 때깔만 봐도 안다. 그만큼 시장을 많이 자주 보았다는 결과다.

서로 믿고 거래를 하면 그 믿음만큼 더 좋은 상품을 내놓아야 한다. 그래야 오래오래 좋은 관계가 유지될 게 아닌가. 한군데 거래를 끊고 나면 그때서야 전화가 온다. 뭐가 섭섭했느냐, 무슨 일이 있으시냐, 서운하게 했으면 죄송하다, 다음부터는 잘 해드리겠다. 그러나 이미 배는 떠났고 그 배는 다시 돌아오지 않는다.

이 조그만 가게를 운영하면서 많은 것을 배우고 반성한다. 작고 사소한 것에서 사람은 감동하고 또 상처를 받는다. 처음 맺은 인연을 생각하면서 변하지 않고 살 수는 없을까.

사람끼리의 만남도 같은 것이다. 처음 좋은 감정으로 만났지만 세월이 흐르면서 무심해지고 예의를 갖추지 않는 그런 관계를 많이 본다. 오래 묵을수록 서로 존중하고 배려하고 신뢰해야 되는데 ⋯.

흔히들 초심을 잃지 말라고 한다. 정치판에서 자주 거론되고 주문되는 말이다. 나랏일 하는 곳에만 초심을 강조해야 되나.

봉사료를 받고 보니

남편은 독일 사람이고 그 아내 되는 이가 한국 여성이다. 국제결혼을 해서 독일에서 살고 있는데 이번에 작정하고서 아내의 나라를 돌아보려고 왔단다. 나이는 오십 후반으로 보이고 편안한 삶을 누리고 있는 듯 보였다.

아내의 나라를 40여 일째 누비고 다니며 여행을 하고 있고, 이곳저곳 유명한 먹거리를 맛있게 맛보고 있다며 즐거워했다. 40여 일을 다니다 보니 거의 유명한 곳은 다 가본 셈이고, 소문난 음식은 실컷 맛있게 먹었다고 자랑이다.

메뉴판을 꼼꼼히 살피더니 호박죽과 팥죽을 주문했다. 그 아내야 지난날 먹었던 입맛과 추억이 있으니 더 맛이 있었겠지만 독일인 남편도 연신 맛있다며 엄지손가락을 치켜들었다. 환하게 웃으며 맛있다고 올리는 엄지손가락을 바라보며 나도 고맙다고 화답을 하며 웃었다.

두 내외가 이런저런 이야기를 하며 갈 곳이 더 남았는지 지도를 꺼내놓고서 다정스레 살피기고 하고, 이 근방에 볼 만한 거리가 뭐 있느냐고 묻기도 했다. 한국적인 곳을 보려면 재래

시장이 어떠냐고 추천했다.

이런저런 이야기도 나누고 잘 먹었노라고 하며 일어섰다. 계산을 하는데 천 원을 한 장 더 준다. 나는 더 왔다고 하면서 되돌려 주었더니 그 아내가 손사레를 친다. 한국에 와서 먹은 음식 중에 정말 맛있었고, 그리고 제일 기분 좋은 것은 실내와 주방이 깨끗해서 좋았다고, 본 식당 중에서 젤 깨끗하다고 한다. 그래서 감사의 뜻으로 봉사료를 주는 것이니 받으시란다.

나는 너무 뜻밖의 봉사료에 얼떨떨했다. 이런 일은 처음이고, 우리 사회에서 봉사료라는 게 익숙치 않기도 하기 때문일 게다. 나도 상대방의 마음을 받아들이기로 하고 봉사료 천 원을 받았다.

우리 생각에 천 원이라면 너무 적다. 그러나 외국의 예를 보면 음식값의 10퍼센트의 봉사료는 큰 것이다. 우리야 기분에 따라서 배보다 배꼽이 큰 경우가 다반사이다 보니 천 원의 가치를 제대로 평가하지 못한다.

오후에 가게 식구들과 과일 파티를 벌렸다. 봉사료 천 원의 의미가 주는 즐거움, 얼마나 신나는가. 내가 늘 이야기하는 철학, 당당한 철학, 뭐 거창하게 철학이냐고 그러겠지만 분명 철학이다. 장사의 자본은 정직이라는 내 나름대로의 철학을 다시 한 번 되새김질했다.

포장지에 속지 말자

"사람은 살아봐야 알아. 내가 포장지에 속았잖니!"

뭇 남성의 관심을 끈 미모의 선배는 결혼할 상대의 인물을 많이 보았다. 드디어 썩 멋지고 잘생긴 외모의 남편을 만났고 여적 살아왔는데 어느 날 살다 보니 외모가 별 실속이 없더라는 것이다.

현실적이지 못해서 세상과 합류하지 못하는 사람, 너무 외골수로 청렴하게 살다 보니 경제적인 불편함, 여러 가지 상황이 그 선배를 잠시 방황하게 했었다. 포장지론을 설파한 후 그 선배 남편의 별명이 '포장지'가 되었다.

언젠가 우리 가게에 멋지고 중후한 60대 부부가 들어왔다. 입은 옷도 정말 세련되었고 대충 짐작으로 비싼 브랜드의 옷이었다. 말씨며 표정이며 참 우아하고 점잖아 보였다.

점심시간이면 정신 없게 바쁜지라 다 신경을 쓸 수가 없다. 좁은 공간에 꽉 찬 손님, 그리고 기다리는 손님, 점심시간이면 정말 혼이 달아날 지경이다. 카운터에서 계산만 할 수 있는 상황이 아니라서 한 팔은 주방에, 한 팔은 홀에 걸쳐두고 동동거리며 바쁜 시간을 나눠 쓴다.

그랬는데 조금 뒤에 그 우아한 중년 부부가 사라졌다. 잠시 카운터 비운 사이에 감쪽같이 자리가 비었다. 삼분의 일 정도의 음식을 남겨두고 바람처럼 사라졌다. 설마 그렇게 귀티나게 차려입은 노부부가 공짜족일 줄이야 ….

우리는 늘 포장지에 속고 산다. 이제는 별별 유형의 손님들을 보다 보니 놀랄 일도 아니지만 속보다 겉치레를 사람을 평가하는 잣대로 삼고 살고 있는 게 부끄럽다.

일류호텔에 최고급으로 치장한 공짜족 때문에 골머리를 앓는다는 기사를 신문에서 읽은 기억이 난다. 이제는 척 보면 알지만 너무나 교묘하게 행동하기 때문에 번번이 당하고 있는 실정이라고 했다. 속이려고 작정한 사람을 어찌 막을까. 열 사람이 도둑 하나 못 지킨다는 옛말이 있지 않은가. 겉모습에 사람을 평가하고 평가당하는 우리 사회, 아무리 보이지 않는 내면이지만 속이 알차고 향기로운 사람을 알아볼 수 있는 혜안을 얻을 수는 없는지.

당당하게 포장지에 넘어갔다고 고백하는 선배! 울긋불긋 고운 포장지에 눈이 머무는 현실 속에서 별볼일 없는 포장지 벗기는 생각, 꿈일까?

부부

"난 눈이 어두워서 안 보이려니 해요. 그 사람 내 곁에 있어요."

"참 행복하게 살다 가셨네요."

"아니요, 제가 더 행복한 사람이지요."

육순을 넘긴 여자분과의 대화다. 제일교포로 일본에서 사업에 성공했고 열심히 살았는데 얼마 전 남편이 돌아가셨다. 유언이라는 게 다른 게 아니다.

'나 살아온 발자취 한 권의 책으로 남겨달라.'

사업도 튼실하게 터를 잡아서 우리 식으로 표현하면 돈 벌고 성공한 사람이다. 그 아내 되는 이가 남편의 유언을 실행하려고 한국에 왔고, 남편의 발자취를 따라서 취재에 나선 길이었다.

남편과 사업 파트너였던 분과 동행해서 왔다. 꼼꼼하게 수첩에 갈 곳과 만날 사람 번호를 매겨뒀다. 한 가지씩 일이 끝나면 빨간 볼펜으로 동그라미를 쳤다. 남편이 즐겨 갔던 음식

점, 찻집, 목욕탕 …, 사소한 일상을 되짚고 있다.

즐겁게 추억하면서 여행을 하듯 길을 더듬는 아내, 슬픔에 젖어 있지 않고 아주 밝고 즐거운 모습이다. 그저 곁에 있는데 당신 눈에 보이지 않을 뿐이라면서 정말 곁에 있는 것처럼 이야기한다.

"여보, 당신 내 말이 맞지요?"

우리는 마주보며 환하게 웃었다.

부부라는 이름으로 많은 사람들이 산다. 그런데 부부라는 끈으로 맺어진 사람들이 과연 어떨까. 타계한 남편을 그리며 눈물 글썽이고 살아온 날들이 정말 행복했었다고, 죽은 사람보다 내가 더 행복하다고, 그렇게 가슴 꽉 메이게 사랑 담고 사는 이가 얼마나 있을까.

"책이 출간되면 저도 읽을 수 있겠지요?"

"그럼요. 꼭 한권 드릴께요."

뒤돌아가는 모습을 보면서 내 마음이 차다.

돈도 안 드는데 인색하기는

노랑색과 보라색이 섞인 小菊 두 단을 사들고 소설 쓰는 천상돈 씨가 가게에 왔다. 한동안 얼굴 잊힐 것 같으니까 살아있음을 확인시키러 왔는지, 잠결에 나온 사람처럼 푸석한 모습, 언제나처럼 그렇게 왔다.

어쩌다 한번 장미꽃 사온 게 화근이 되었고, 꽃이 시들만 하면 꽃 바꿔준다고 나왔다. 사람은 버릇들이기 나름이라고 꽃이 시들면 기다려진다. 후리지아꽃, 장미꽃, 그러다 계절탓에 이번에는 국화꽃이다.

국화꽃을 컵에다 꽂고 대충 어찌 살았느냐, 별일이 있어야 좋은데 없어서 거시기하다, 그날이 그날이고, 뭐 글줄이라고 쓴 것도 없다. 세세하게 말하지 않아도 눈치로 대충 감잡았다. 더위탓에 그럭저럭 세월 까먹은 게 틀림없다. 엔간해서는 그냥 시간 까먹는 분이 아니다. 몇날 며칠을 들어앉아서 글만 쓰는 사람, 놀랍고 대단하다. 답답할 것 같은데 저 양반은 그런 내색이 없다. 어쩌면 그 틀에서 길들여진 탓일 수도 있을까.

"그런데 오랫만에 봐서 그런지 많이 늙었네?"
"세월이 그만큼 흘렀으니 늙는 게 당연치요."

아무리 멋대가리 없기로 한 두어달 만에 만나서 하는 소리다. 안 해도 될 소리 해가지고 잠시 사람 꼬라지나게 만든다. 말이야 세월이 그리 흘렀으니 늙을 만도 하지라고 했는데 남녀노소 그 소리 기분 좋을 리 없다. 그렇다고 기분 나쁠 것은 더욱 없다.

커피 한잔 마시고 바로 일어나서 간다. 원래 말수도 없는 사람이고 저녁밥을 해야 한다니 붙잡을 일도 아니다. 그 양반 가고 나서 확인작업에 들어갔다. 거울을 놓고 찬찬히 보니 맞다. 이번 여름 동안 많이 늙었다. 솔직하게 한 말임을 확인하고 보니 별 수 없이 쓸쓸타!

몸뚱이가 재산이여!

아침 일찍 남대문시장에 들렀다. 식솔들 먹거리를 사기 위해서다. 단골로 가는 생선가게에 갔다. 별로 표정이 없는 생선가게 아주머니,

"뭘 줄까?"

"네, 삼치 두 마리 큰 걸로 주세요."

"구워먹을겨?"

솜씨 좋게 배를 가르고 토막을 치고 왕소금 솔솔 뿌려준다. 너무나 익숙한 손놀림에 즐겁게 구경을 한다. 매번 갈 때마다 요구르트 한 병을 주신다. 괜찮다고 해도 막무가내다. 이젠 주면 주는 대로 받아서 단숨에 마신다. 생선비린내 묻은 요구르트가 정을 나눈다.

"온 종일 서 있자면 저녁엔 내 다리가 아녀."

"그래요, 저도 발목이 코끼리가 되었어요."

"긍께 종종 보약도 지어 먹어, 돈 애끼지 말고.

나는 젊어서부텀 쎄빠지게 고생을 했어, 징혀 …."

"그래도 얼굴에 주름도 없으시네 … 뭐!"

"뭔 소리여, 칠십 줄에 있는디 …."

아무리 고생을 했다 쳐서 넉넉히 봐도 갓 육십이다. 그러고 보면 꼭 고생했다고 늙는 것은 아닌 것 같고 우선 즐거운 마음으로 일을 하니 그런가?

단골이 되고부터는 세상 사는 이야기며 이웃 이야기까지 자분자분 나누고 지낸다. 늘 보면 바쁘게 움직이는 모습들, 남대문시장에 가면 이제 어깨 툭, 치거나 큰소리로 인사를 하는 얼굴들, 나도 오랜 세월 여기 사람들과 부대꼈나 보다.

삼치 두 마리를 봉지에 담고서 생선가게를 나섰다.

"저 갈께요. 수고하세요."

"보약값 애끼지 말고 …."

보약값 애끼다가 병원비가 곱으로 나간 것 눈치 채셨나?

알고도 속아주기

아침 11시가 조금 못 되어서 아저씨 한분이 들어왔다. 공손하게 허리 굽혀 인사를 한다. 나이는 오십 중반쯤 되어 보이는데, 글쎄다. 어쩌면 사십대일 수도 있다. 고생을 하다 보면 사람의 얼굴 나이란 게 제각각이 아닌가.

"저 사모님 이 앞구역 청소하는 사람입니다. 말복도 지났고 하니 소주 한잔씩 하게 조금만 도와주십시오."

"어쩌나, 아침부터 이렇게 수금을 하시다니 …."

"죄송합니다. 요즘 경기도 어려운데 조금만 보태주시면 열심히 하겠습니다. 예, 사모님!"

가끔 이렇게 푼돈을 요구하는 사람들이 있다. 주방에 음식물 쓰레기 수거해 가는 사람부터 행길에 자리하고 보니 여러 사람들이 드나든다. 처음에는 잘 모르고 하니 꼬박꼬박 다 줬었다. 이제는 줘야 할 것과 아닌 것, 그러니까 지출명분이 보인다는 것이다. 그러다 보니 예기치 않은 사기도 몇 번 당했었다. 눈 빤히 뜨고 주머니돈 털린 기억은 지금 생각해도 어처구니가 없다.

작년 여름에 에어컨이 신통치가 않았다. 아무래도 어디가 탈이 난 듯해서 구입한 곳에 문의했었는데, 기러기 날자 배 떨어졌다고 다음날 어떤 아저씨가 왔다.

"이집 에어컨 이상 있다면서요?"

"네, 아, 아저씨 ○○대리점에서 오셨구나. 그렇지 않아도 어제 전화했는데, 냉매가 떨어졌는지 시원하지가 않아요. 좀 봐주세요."

창문 위에 올려진 실외기를 돌아본다고 나갔다가 한참 뒤에 왔다.

"이거 채워야 되겠네요. 그런데 제가 지금 실고 온 게 없으니 가까운 영업소에서 가져와야겠어요. 먼저 대금을 주시면 좋겠습니다."

"그러지요. 얼른 다녀오세요."

한 시간이 지나고 두 시간이 지났는데 소식이 없다. 처음에는 차가 밀리려니 했는데 너무 오래 무소식이다. 순간 아차, 하는 생각이 머리를 스쳤다. ○○대리점에 전화를 했다. 역시 뒷통수 맞는 대답이 왔다. 전혀 사람을 보낸 적이 없노라고, 그리고 서비스는 본사에서 나간다고.

뭔가에 홀렸었는지 사람을 의심하지 않은 내가 잘못인가 보다. 그 사람이 들고 간 돈이 십삼만 원, 그렇게 작년 여름 십삼만 원을 사기당했었다.

이번 여름엔 작년의 일을 떠올리며 미리 본사에 연락을 했고, 부족분의 냉매를 잘 채웠다. 물론 서비스가 맘에 들었느냐는 본사의 사후관리 전화도 받았다. 그러면서 내가 참 바보였구나, 조금은 창피하기도 했었지만 그래, 오죽하면 남의 등을 치겠는가. 그러자면 그 사람인들 이런저런 머리 굴리고 맞추고 했을 터, 몇 일간의 밥을 해결했다면 그것으로 되었지, 억지 위로도 했었다.

그랬는데 오늘 아침 작년과 비슷한 상황이 재현된 것이다. 앞 도로 청소하는 사람이라고 했지만 금방 알았다. 앞 도로 청소는 아주머니 두 분이 교대로 하고 있다. 작년부터 계속 하고 있기 때문에 서로 얼굴을 아는 처지다. 그랬는데 천연덕스레 자기가 이 구역을 청소한다고 하면서 술값을 달랜다.

"아저씨 요즘 경기 안 좋은 것 안다면서 이러면 안 되지요?"

"어쩝니까. 저희도 오죽하면 이렇게 협조를 구하겠습니까?"

눈빛을 보니 조금씩 안절부절하는 빛이 보인다. 사람의 눈은 거짓말을 하지 못한다. 몇 마디 나누다 보니 입에서 술냄새가 난다. 틀림없이 가짜다. 이른 아침에 술마시고 오는 공무원은 없다. 청소요원도 엄연한 공무원 신분이 아닌가. 근처에서 밤새 술마신 노숙자다. 이곳 남대문 서울역쪽에는 노숙자의 천지가 아닌가.

잠시 내 머리에서 계산기가 두들겨졌다. 혼구멍을 내서 내쫓아? 아저씨 가짠 거 나 다 알아 하고 말하면 어떻게 나올까?

아니면 좋게 달래서 그냥 내보내?

"아저씨, 술냄새 풍기고 아침부터 이러면 누가 줘 …."

오천 원짜리 한 장을 손에 쥐어줬다.

"고맙습니다. 잘 쓰겠습니다."

어디다 잘써, 돌아서면 소주부터 살 것을 안다. 내가 아무 말 하지 않고 있었더니 다시 허리 굽혀 인사를 한다.

"열심히 청소해 드리겠습니다."

서글퍼라.

저 굽힌 허리를 보면서 내 허리는 왜 아픈걸까.

조경희 선생님 가시다

정무장관을 지냈고 수필문학에 평생을 바친 조경희 선생님이 작고하셨다. 신문을 보다가 조 선생님의 부음을 접했다. 병원에서 마지막을 준비하고 있다는 소식 들은 게 엊그제 같은데 … 그랬는데, 신문에서 조 선생님의 얼굴을 보았다.

"교회 다녀오는 길에 들렀어."

"선생님, 건강은 어떠세요?"

"응, 난 그럭저럭 괜찮아. 늙으면 그렇지 뭐."

그렇게 마주 앉아서 이야기를 한 게 언제더라? 작년 겨울인가, 아니다. 늦은 가을이었나 보다.

"선생님, 뭐 드시겠어요?"

"아가, 나 전복죽 먹어야겠다."

선생님은 나이가 육십이 넘은 후배한테도 '아가'라고 불렀다. 아가라니, 참으로 정겨운 호칭이다. 다른 사람이 그리 부르면 어떨지 모르겠는데 저분이 그리 부르면 듣기에 정겹고 사랑이 담겨 있다.

알록달록한 블라우스가 기억에 남았고, 성경책을 가슴에 안고 안경 너머 눈길이 부드러웠다. 나이 드니 맘대로 몸이 따라 주지 않음을 안타까워 하셨는데, 이젠 몸도 마음도 한곳에 머무시니 편안하실까.

멋스러움과는 거리가 먼 조경희 선생님, 여러 가지 굵은 선으로 남성적이었다고 하는 선생님, 그날 뵌 선생님은 천상 여자였다. 별로 변함이 없는 표정과 말씨, 그냥 편안하다.

알이 큰 반지를 끼고 굵은 진주 목걸이를 걸고 입술에 붉은 립스틱까지 바르고 오셨었다.

"선생님은 늘 그대로세요. 늙지 마시고 아프지 마세요."

엊그제 나눈 이야기처럼 생생한데 다 옛이야기로 남았다. 이젠 이승에서는 선생님을 만날 수 없다.

우리 전생에 무슨 인연이었을까. 후생엔 어디서 어떤 인연으로 만날까. 87세를 누렸으니 그리 애달픈 일도 아니다.

조경희 선생님의 명복을 빈다.

언제까지 숫자치로 살까

난 숫자치다. 일부러 계산을 안 하는 것도 아니고 정말 어렵다. 그래서 주머니에 돈이 얼마 있는지를 셈하지 않는다. 뭔가를 살 때 분명 잔돈이 있는 것을 알면서도 그냥 만 원짜리 낸다.

그렇다고 지갑에 돈이 두둑하냐면 천만에 말씀이다. 오히려 그 반대다. 결국 잔돈이든 뭐든 지출된 금액은 일정하고 남은 돈 일정하다는 게 내 이론이다. 굳이 동전까지 꺼내서 아귀맞추는 사람 보면 존경스럽다.

점심 끝나고 한가해진 시간에 모녀가 들어왔다. 한가한 오후 시간에는 책도 읽고 신문, 구문 챙겨 읽고 노트북 켜놓고 여기저기 블로그와 카페 마실도 다니고 편지도 쓰고 여유를 부린다.

그 모녀가 식사를 마치고 먹은 죽값을 계산하고 나갔다. 그랬는데 잠시 후 머리에 반짝하고 꼬마등이 켜졌다. 아뿔사, 돈을 잘못 받았다. 옆 테이블과 착각해서 4천 원을 덜 받았다. 할 수 없지, 내가 실수한 것인데 …. 잊을 만하면 같은 실수를 반복하며 상기시킨다.

어쩌다 저런 실수로 천 원쯤 더 받을 때가 있다. 그러면 계산하고 나갔던 그 손님은 얼굴이 벌겋게 상기되어 뛰어 들어온다. 손바닥에 올려주는 돈을 나꾸어 채가듯 그렇게 나간다. 덜 받은 돈은 한 번도 되돌아온 적이 없다.

어디 가서 뭘 살 때, 먹을 때, 우린 액수를 기억한다. 그런데 아무도 계산이 잘못되었다며 다시 주는 사람이 없다. 왜 그러냐고 물으면 묻는 내가 바보일까?

참 쓸쓸하고 또 쓸쓸하다. 그 모녀도 나처럼 쓸쓸할까?

현금영수증

남산세무서 아무개라고 자신을 소개한 남자가 전화를 해왔다. 세무서라면 탈세한 것도 없으면서 별반 반갑지가 않다. 꼬박꼬박 세금 내는 것이 일상생활이 되어버렸으니 감히 탈세, 절세는 꿈도 꿔보지 못했다. 가끔 신문에서 탈세 기사를 보면 그저 경이로울 따름이다.

용건은 현금영수증 발행을 거부했다는 신고가 접수되었고, 일단 신고접수를 받았으니 확인차 전화를 했다는 것이다. 한번도 거절한 적이 없었기에 그런 일이 없었노라고 대답했더니 4월 8일에 접수된 내용이란다.

지금이 몇월이야? 곰곰 생각하니 아차, 생생하게 기억이 났다. 처음 시행될 때 서툰 나머지 다음에 해주겠다고 양해를 구했던 젊은 아가씨.

신용카드 사용은 거의 일반화되어 있어서 굳이 거론할 필요도 없다. 처음에는 소액을 쓸 때는 주저하고 미안해 했었지만 지금은 5천 원이 넘으면 당연히 카드를 쓴다. 그러다가 지금은 소득공제의 명목으로 현금영수증을 발행하게 되었다.

물론 취지야 박수쳐 마땅하다. 소득에 대한 세금은 당연히 맑고 투명하고 공정하게 징수되어야 한다. 그런데 그 대목에선 뭔가 목에 걸린 듯 떨떠름하다.

2005년 4월부터 현금영수증 발부가 의무화되었다. 유난히 기계치인 나는 지레 머리가 아프고 복잡하다. 처음 신용카드 결제절차도 서툴러서 몇 번의 시행착오를 경험했다. 이제 겨우 어렵지 않게 사용하고 카드사에 넘겨줄 것과 내가 보관할 것을 제대로 구분하고 있다.

4월에 첫 시행이 되고서 기계와 익숙치 않은 탓에 서툴렀다. 그러던 4월 어느 날 직원이 자리를 비운 사이 손님이 5천 원짜리 현금영수증을 끊어달라고 했는데 카드기계가 말을 안 듣는다.

말을 안 듣는 게 아니라 내가 아직 서툰 탓에 몇 번을 시도해도 안 되었다. 그래서 언제고 지나갈 때 들르면 끊어드리겠노라고 양해를 구했다. 그랬는데 신고를 해버린 것이다. 내가 불친절하게 한 것도 아니고 거절한 것도 아닌데 울컥 화가 났다.

언제부터 이렇게 삭막하고 기계적이 되었을까. 자신의 작은 이윤을 찾으려고 인간관계의 예절을 그렇게 저버리다니 …. 금액이 크고 적음의 문제가 아니다. 5천 원이면 어떻고 100만 원인들 어떤가. 조금만 이해하면 서로 맘 상할 일이 없을 텐데 … 요즘 세태를 탓해야 하나, 아니면 우리가 키운 자식이니 부모를 탓해야 하나. 나도 입장 바꾸면 고객의 입장이 되는데 ….

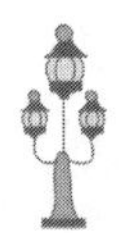

하루 중 가장 행복한 시간

오후 3시 조금 지나서 남산으로 길을 나섰다. 얼마 전만 해도 개나리 노란 꽃잎이 보일 듯 말 듯 그랬는데 벌써 반쯤 피어서 화사했다. 간간이 진달래도 터진 망울이 있고 벚꽃은 망울이 부풀어가고 ….

하루도 책을 안 읽으면 입에 가시가 돋는다는 안창호 선생님처럼 운동을 하지 않으면 좀이 쑤시는 나는 잠시잠시 토막 시간을 내서 쓴다. 요즈음 매일 가는 남산길, 오늘도 가랑비가 오락가락했지만 길을 나섰다. 왕복 10km, 두 시간 짱짱하게 걸어가면서 산속에서 우는 새소리 듣고 후다닥 뛰어가는 토끼 소리와 간간이 울어대는 꿩 울음소리, 오늘은 애닯게도 산비둘기가 구구구 울었다.

우산도 없이 그냥 모자달린 점퍼 입고 갔는데 절반쯤 돌아올 때 비가 많이 내리기 시작했다. 나설 때부터 비오면 맞으려니 작정했기 때문에 그냥 맞고 걸었다. 점점 빗방울이 굵어지고 모자에서 빗물이 뚝뚝 얼굴로 떨어졌고, 소매를 흘러내린 빗물이 바지를 적시면서 청바지 가랑이가 얼마나 무겁게 나를 잡아끄는지 힘들었다.

비가 오니 사람도 없고 한적한 게 정말 좋았다. 비 맞으면서 이런저런 생각도 한가롭게 할 수 있었고, 얼마만에 비를 맞아본 것일까, 아득한 기억을 되돌아도 보았다.

남산을 다 내려오면 작은 구멍가게가 있다. 옛날 변두리 구멍가게 같은, 아련하게 생각나는 추억의 점방풍경, 들어가서 맥주 한 캔을 사서 나왔다. 옷이 너무 젖어서 도저히 가게 안에서 마실 수가 없었기 때문이다. 캔 한 병을 들고 나와서 행길가에 서 있는 공중전화 박스로 들어갔다. 다행이 요즘은 핸드폰을 쓰기 때문에 공중전화 거는 사람이 별로 없다. 전화박스 안에서 비도 피하고 갈증난 목도 축이고 오가는 사람도 구경하고 ….

건강해서 매일매일 남산을 달릴 수 있고, 맥주 한 캔으로 갈증을 풀 수 있어서 좋고, 내 일이 있어 일을 하고 있으니 감사하고, 억장 무너지게 속 썩이는 새끼 있어 감사하고, 이것저것 세다 보니 열 손가락이 모자란다. 내가 갖고 있는 게 누리고 있는 게 너무나 많다. 갖지 않은 것을 탐내기 전에 내가 갖고 있는 것을 세어보자. 얼마나 많은지 스스로 놀랄 것이다.

감히 여자가

점심시간이면 북새통이다. 한꺼번에 몰려드는 손님들 때문에 잠시 줄 서서 기다리는 것은 당연하다. 내 생각이 그렇다는 게 아니고 손님들이 당연시한다. 카운터 앞까지 빼곡이 서서 순서를 기다리고, 밖에서 토막담배 피우며 기다리고 ….

즐거운 비명이라고 하지만 한바탕 난리를 치른다. 식사 끝난 식판을 들고 주방쪽으로 가다가 서 계신 손님께 양해를 구한다.

"죄송합니다. 제가 좀 가겠습니다."

손님 앞을 식판 들고 나가면서 미안함을 그리 아뢴다. 물론 바쁘니까 빠른 소리로 할 수밖에 없다. 가끔 오시는 단골이셨는데 갑자기 얼굴빛이 굳어진다.

"어디 여자가 남정네 앞을 가로막고 지나가?"

벌컥 문을 열고 나가버린다.

"나는 산에서 여자가 남자 앞에 가는 것 용서할 수가 없어. 어떻게 여자가 남정네 앞에 서나?"

현직 구청에 구청장으로 재직하고 있는 분이다. 일반 산악

회가 아니고 잘 알려지지 않은 산을 찾아가는 모임이 있었다. 승합차 한대로 매주 수요일 답사 겸 가는 모임이었고, 사십 대부터 오십 대, 그리고 육십 후반이 많았다. 친구가 거기 봉사 요원으로 차량지원을 했다. 그래서 여러 번 함께 등산을 했었다.

나는 자칭 타칭 빨치산이다. 온 종일 걸어도 무리가 없을 만큼 복받은 체력이다. 강원도 겨울산에 갈 때 내가 앞에서 선두로 간 적이 있다. 그때는 눈이 허리까지 쌓인 엄동설한, 정말 바람이 볼따구 살을 다 뜯을 것처럼 매웠다. 간신히 간신히 길을 내며 산을 올랐고, 별 탈 없이 무사히 산행을 마치고 내려오는데 그분(?)이 그런다.

"여봐요, 내 한마디 하리다. 담부터는 절대로 남자 앞장서지 마소."

"무슨 말이세요? 남자 앞을 서지 말라니?"

"여자가 남정네 앞서서 가는 게 아니라요. 뒤에 와야제 …."

함께 갔던 일행이 두 눈을 껌뻑댄다. 저 양반 원래 저러니 그냥 두라는 것이다. 말 안 되는 소리지만 아무도 탓할 수가 없으니 그냥 그러려니 하란다. 지나가다 똥 밟은 셈 치기에는 내 신발이 너무 아깝다. 함께 산행하는 일행이 늘상 놔뒀으니 일행의 책임도 있다. 종종 하산길에 술 사고 밥 사고 그런 맛을 보인다니 일행이야 굳이 비윗살 긁어서 맛난 술동이 엎을 필요는 없겠다.

"여보세요. ○ 구청장님, ○ 청장님 어머니도 여자십니다."
순간 그분(?)의 얼굴이 벌겋게 상기되었다.
"우리 어머니는 왜? ⋯."
여자, 여자 비하하는 그 여자가 어머니고 아내이고 금쪽같다고 시집보낼 때 눈물방울 떨굴 딸내미도 여자다.

그 구청장과 문 열고 나간 손님의 얼굴이 동시에 겹쳤다. 하루 종일 기분이 우울했고 쓸쓸했다. 남자와 여자의 구분을 어디서 해야 하는가. 내 가족의 절반이 남과 여로 나뉘고 그 절반이 합쳐야 온전한 한 가족의 구성이 되는 게 아닌가.

한 두어 달 동안 발길을 끊더니 얼마 전 다시 오셨다. 약간은 쑥스러운 웃음으로 그날의 속상함을 풀게 된 것이다. 아무것도 아닌 것에 감정 사고 얼굴 붉히고 언성 높이고 정말 아무 것도 아닌 일에 속상해 했다. 엊그제 은행 갔다가 그분을 만났다. 먼저 반갑게 아는 체를 해주시면서 묻지도 않은 소개를 하신다.
"나 이 건물에 있어요."

선문답, 앉은 문답(禪問答, 坐問答)

아침, 첫 손님이 들어왔다. 머리가 반짝이는 스님이 들어오는데 바지는 감색 면바지, 윗옷은 회색 승복을 입었다. 코딱지만한 티코를 행길에 세워두고 포장을 부탁했다. 고기 들어가지 않은 죽으로 골라서 호박죽, 흰죽을 주문했다.

"스님 잠깐 앉으세요."

그 말이 떨어지기가 무섭게 그 스님 쪼그려 자세로 바닥에 앉는다.

"어머나, 스님 의자에 앉으세요."

"전 앉으라 해서 앉았지요."

"스님 선문답하시네요?"

"아니요, 이건 앉은 문답이지요. 하하하하"

엉거주춤 의자에 걸터앉아서 서로 통성명을 나누었다.

'無影 스님'

속세의 나이가 새파랗게 보였다.

"스님 유머가 많으시군요?"

"전 아직 乳母를 못 두었어요."

그 스님이 아쉬운 듯 말했다.

"전 세 번의 유모 전과가 있었지요."

"네, 저는 평생 유모는 못해 볼 거예요."

그 스님 날 무지 부럽게(?) 쳐다보았다.

한참 후에 직원이 스님을 향해 말했다.

"스님, 포장준비 다 되었습니다."

"우린 지금 친구와 죽이 맞고 있으니 재촉은 안 했으면 좋겠네요."

무영 스님이 직원에게 손사레를 친다. 그랬다. 갑자기 중 친구랑 죽이 죽집에서 잘 맞았다. 죽이야 퍼지든지 말든지 그 스님 죽치고 있었다.

"낼 모래가 초파일인데 시주할 것은 없고 나를 시주할께요."

스님이 악수를 청했다.

"제가 장가는 드릴 수 없고 시집을 드리지요."

나는 사인한 시집 한권 건넸다.

그 스님 죽포장 들고 나가면서 한 손 위로 번쩍 들고서 그랬다.

"시뮬레이션의 일탈을 위하여!"

겨울 시금치

사람들은 아닌 줄 알지만 시금치는 겨울이 제맛이다. 시금치는 푸른 이파리를 드러낸 채 겨울을 나는데, 이때 온 힘을 다해 육질을 단단하게 하고 옆으로 퍼져 땅에 붙은 채 겨울 찬바람을 이긴다.

그래서 겨울 시금치는 파랗고 기다랗게 자란 여름 시금치에 비할 수 없을 정도로 향기롭고 맛있다. 사람도 힘들게 부대끼고 가끔은 피 흘리며 서로에게 상처를 입게 한다. 그 상처가 아물어 더 단단한 살갗이 된다. 남아 있는 흉터, 그 지워지지 않을 것 같은 흉터도 세월 가면 흐려지고 잊혀진다. 사람의 우정도 시련을 지나야 겨울 시금치의 푸른 향기가 날 것이다.

목 잘린 접시꽃

오후 늦게 남산엘 갔다. 토요일이라서 사람이 많으려니 했는데 그다지 많지가 않다. 조깅하는 사람, 뛰는 사람, 마라톤 동호회가 몇 개 있다. 등판에 동호회 이름이 새겨져 있고 어울려서 함께 뛰는 모습이 보기 좋다.

땀범벅이 된 얼굴과 운동복, 이제는 낯익은 얼굴의 숫자가 늘었다. 가벼운 목례도 나누고 손을 들어주기도 하고 참 무뚝뚝하던 우리 문화도 서서히 바뀌고 있음을 느낀다.

남산 1호 터널 관리사무소 앞, 붉은 접시꽃이 세 송이 피었었는데 오늘 보니 꽃송이가 없다. 한참을 두리번거리다 가까이 가서 보니 아뿔사, 댕강 댕강 모가지가 잘렸다. 꽃모가지 잘린 접시꽃 대궁은 시들어가고, 함께 넓고 푸르던 잎사귀도 축 쳐져 있었다.

세상에, 누가 저리 했을까. 그 꽃 앞을 지나가면서 「접시꽃 당신」의 도종환도 떠올렸고 세상의 많은 접시꽃 당신들을 기억했었는데 ….

마음이 아리다.

내 추억의 한 장이 잘리고 있다.

두돌 잔치

우리 집 개업 2주년 되는 날이다. 특별하게 이벤트를 하는 것도 아니고 무슨 안내쪽지를 붙이는 것도 아니고 떡을 해서 돌리는 것도 아니고 손가락셈으로 하루를 치른다.

첫돌에도 그렇게 우리 식구끼리 오붓하게 보냈다. 작은 케익에 촛불 하나 켜고 샴페인 터트리고 축하의 박수를 치고 서로에게 고생했다고 덕담과 격려를 나누고 쨍 하며 잔 부딪치고 그렇게 돌잔치를 했었다.

오후에 조촐하게 작년처럼 하려고 맘먹고 있었다. 오전에 잠시 운동 다녀오면서 남대문시장에 들렀다. 이것저것 먹거리 대충 사서 들어왔는데 테이블에 장미꽃다발과 케익, 샴페인이 놓여져 있다.

"아니, 왠 장미다발이야?"

"오늘이 생일이잖아요. 엊저녁에 우리끼리 입을 맞췄어요."

제일 어른격인 실장이 웃으며 대답한다.

"난 저녁 한가한 시간에 촛불켜려고 했는데 한발 늦었네!"

"그럼 오후에 또 하지요."

옆에서 한술 더 거든다.

우리 식구들 테이블에 마주앉았다. 케익 자르고, 샴페인 터트리고, 촛불 후후 불어서 끄고 박수치며 즐거운 덕담을 나눴다.

"이 시간부터 부자 됩시다. 건강합시다."

잔을 부딪치고 환한 얼굴로 원샷으로 샴페인 잔을 비웠다.

엊그제 같은데 벌써 2년의 시간이 갔다. 처음에는 일손도 안 맞고 우왕좌왕 바쁘지도 않은데 바빴다. 이제는 엔간한 숫자에는 끄떡없이 척척 손발이 맞는다. 한솥단지 밥 먹은지가 이렇게 오래 되었구나. 큰 마찰 없이 이만큼 와준 게 고맙다. 도통했다고 할 수는 없지만 이제 어느 정도 보인다.

사람의 인연은 참으로 알 수 없는 것이 아닐까. 만나고 싶다고 만나는 게 아니고 싫다고 안 볼 수도 없지 않은가. 하루 중 제일 많이 보고 사는 관계 되도록이면 크게 금가지 않고 지냈으면 하는 바람이다.

빨간 장미꽃다발을 벽에 걸었다. 은은하게 퍼지는 장미향기, 우리 집에 오는 모든 사람들과 나누고 싶다.

사람과 사람의 벽 허물기

한동안 몸이 편치가 않았었다. 귓속 달팽이관에 바이러스 침투로 심한 어지럼증에 시달렸다. 매일 달리던 남산길도 못 갔고 휴일이면 가는 산도 못 갔다. 그렇게 한달 지나고 나니 몸도 마음도 무거웠다.

달팽이관에 이상이 오니 평형감각을 잃게 된다. 당연히 움직일 수도 걸을 수도 없었다. 평형감각을 유지하지 못하면 어떨까. 짐작으로는 도무지 이해를 할 수가 없는 지경이다. 앉아서 엉금엉금 기어서 화장실을 간다. 기어가지만 빙빙 어지럽게 돈다. 그 어지럼증이 얼마나 심한지 구토가 날 정도다. 어느 한 곳 온전치 못하면 이리 힘듦을 절실하게 느꼈다.

요 며칠 끔찍한 살인더위가 가셨고, 아침저녁으로 바람이 선선하게 불었다. 그래서 오전에 남산에 올라갔다. 오랫만에 빠른 걸음으로 걸어 올라가니 기분이 상쾌하다. 뚝뚝 떨어지는 땀방울, 연신 손등으로 땀을 훔치고 마음이 가벼워진다.

지난밤 내린 비로 숲은 흠씬 젖어 있었고 나뭇잎이 더 새파랗게 윤이 나고 있었다. 간간이 울어대는 산새소리, 사람의 기척에도 태연하게 풀을 뜯으며 눈 맞추는 산토끼, 오랫만에 만나는 벗처럼 반갑다.

산책로에 길게 둘러쳐 있던 휀스를 철거하고 있다. 사람의 통행을 막아놓았던 철망 휀스, 그 가로막힘이 터지니 저리 좋은 것을 너무 오래 담을 쌓았었다. 이제라도 허물어 버리고 사람과 숲의 거리를 없애니 다행이다.

사람과 사람의 마음을 막고 있는 불신의 벽을 무너뜨릴 수는 없을까. 사람과 사람의 마음속 달팽이관은 늘 건강했으면 싶다. 사람 때문에 머리 아프지 않고 사람 때문에 넘어지지 않고 멀미나듯 어지럼증에 시달리지 않았으면 싶다.

한 바퀴 돌아오면서 쓸쓸하고 서글픈 사람과 사람의 관계를 잠시 생각했다. 철책을 걷어내듯이 불신과 증오의 벽을 허물어 내고 싶다.

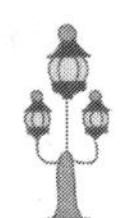

떠날 때는 말 없이

떠날 때는 말 없이 … 가수 현미의 노래 한 구절이 생각난다. 짙은 허스키 음색의 애조띤 목소리, 문득 그 노래를 떠올린 건 노래도 가수 현미 때문도 아니다.

유월의 마지막 날이라서 은행 일이 몇 건 있었다. 여기 저기 송금하고 또 출금하고 카드사에서 입금된 것 확인하고, 늘 거래하는 ○○은행에 갔었다. 25년 정도 거래하는 그래도 꽤 묵은 은행이다.

"김 대리님 다른 곳으로 가신 것 알지요?"

창구 여직원이 내게 물었다.

"그래요? 몰랐네. 어디로 갔어요?"

"네 본점으로 들어갔어요. 노조로요."

"노조? 아이고 복잡한 곳으로 갔네."

"노조, 김 대리하고 잘 어울리잖아요?"

몰랐다. 그 친구가 노동운동에도 적극적인 것을 …. 늘 명랑하고 친절하고 꼭 막내동생처럼 가끔은 어리광도 부렸었다.

"전복죽 한 그릇을 둘로 나눠주시면 안 돼요?"

미안한 얼굴로 망설이며 부탁을 했었다. 안 될 리가 있나 … 얼마나 예의가 반듯한 부탁인데 ….

처음 가게 오픈하고서 첫 번째 들어온 손님이 있었다. ○○은행 남대문 지점 김영제 대리. 동글동글한 얼굴과 항상 웃음 짓는 표정, 어찌 보면 골목대장처럼 개구장이끼가 아직도 얼굴에 남아 있는 서른 초반쯤 보이는 그 영제 씨, 11시에 문 여는 것을 기다리느라 일찍부터 문앞에서 왔다갔다 했다는, 문이 열리자마자 짠 하고 들어왔던 그 사람.

"제가 죽을 무지 좋아해서 이 집 인테리어 공사할 때부터 기다렸어요."

그래서 첫 번째 손님이 되었다.

내게는 참 의미 있는 사람이라서 올 때마다 대접을 해주었다. 첫 손님의 혜택을 본인의 의사와 상관없이 누리게 해주었었다.

"사장님, 저 ○○은행이예요"라고 전화로 오겠다는 연락을 하고서 아침 일찍 오곤 했다.

"어제도 야근했나봐요? ○○은행이 통째로 온걸 보니 …."

"아니예요. 친구들과 술을 많이 마셨더니 속이 아퍼서요."

은행에 가면 달려와서 내 등을 탁, 치던 그 반가움이 언제였더라? 공짜 팩스도 종종 쓰게 해주었었다.

“내 주변에 시인이 있다는 게 너무 영광입니다.”

세상에나, 지천으로 피어 있는 민들레보다 많은 게 시인인데 나밖에 없단다. 그러면서 진심으로 영광스러워(?) 했었다.

그 하나밖에 없다던 시인에게 작별인사도 못 건네고 채 일 년도 함께 못하고 첫 손님은 그렇게 떠났다. 짧은 인연이지만 내게는 소중한 추억의 삽화다.

그러고 보니 시간이 꽤 지난 것을 몰랐다. 언젠가 이곳을 지나갈 때 잊지 않고 오겠지. 문 활짝 열고서 얼굴에 환한 웃음 그대로 묻힌 채.

아버지 그늘

가까운 친구, 자주 못 봐도 늘 함께 있는 것 같은 친구, 그 친구의 아버지가 별세했다는 부음이 왔다. 바로 가야 했는데 몸이 너무 피곤했고 늦어서 다음날 오전에 갔었다.

영안실 풍경은 어디나 거의 비슷하다. 어둡고 무겁고 많이 슬프고 눈물범벅이 된 가족의 퉁퉁 부은 얼굴, 대장암으로 고생을 심하게 하신다는 말을 들었었다.

살아계실 때 한번 찾아뵈어야지 … 정말 죄송하게도 맘 속으로만 갔었다.

영안실 들어서니 생전의 환하고 인자한 모습의 아버지가 나를 맞는다. 훤칠한 키에 참 멋지고 잘 생긴 아버지였다. 내가 '아버지'라고 부른 유일한 친구 아버지다. 그 아버지의 국화꽃 속에 폭 파묻힌 영정사진, 마지막 뵙는 얼굴.

두 번 절하고 일어서도 아버지 말씀이 없고 환하게 웃고만 계신다. 친구는 얼마나 울었는지 목이 쉬어서 말도 제대로 못했다. 나는 먼저 그 마음을 당해보았기 때문에 짐작한다.

그러나 안들 무엇하나.

슬픔은 각자 짐만큼의 무게인 것을 ….

그 친구 두 딸 다 출가시키고 혼자 산다. 그 아버지 돌아가시기 전에 혼자 사는 딸년 힘 덜어주신다고 당신 묻힐 바로 아래에다 큰 딸 집도 장만해 놓으셨단다. 친구가 그말 하면서 엉엉 소리내 운다. 쉰 목에서 나오는 엉엉, 통곡소리 … 안 울려고 맘 다지고 갔었는데 끌어안고 울어버렸다.

아들이 없고 딸만 둘이라서 큰 딸인 친구를 데리고 사셨다. 평생 아버지 그늘에서 벗어난 적 없는 친구, 내 친구는 이 다음 죽어서도 아버지 그늘로 가게 되었다.

아버지가 딸년 묻힐 자리 마련하실 때 마음을 누가 알까?

남자충동

아침에 추적추적 내리는 비와 함께 출근버스에 올랐다. 어디 앉을 자리 있나 싶어 차안을 둘러보니 딱 한 자리 남았다. 맨 뒷자리 가운데 높은 좌석으로 가서 앉았다. 앉고 나서 보니 내 앞자리에 비구니 스님의 동글한 머리가 눈에 들어온다. 문득 목동에 있는 작은 암자가 생각났고, 그곳 주지 스님이 생각났다.

그러고 보니 한 두어 달 동안 서로 잊고 살았다. 언제였던가 지난 총선 전날 메일이 왔었나 보다. 대학로 동숭아트센터에서 하는 연극인데 함께 볼 수 있었으면 좋겠다는 정중한 초대장이었다.

제목이 먼저 눈에 들어왔다.

「남자충동」

그 스님이 추천한 연극이니 무조건 믿는다. 그 스님 불교신문에 컬럼도 쓰고 열심히 공부하는 열린 스님이다. 글 속에서 보이는 반짝이는 해학이 나를 가끔 매료시켰었다. 훌쩍 보따리 싸들고 배낭여행 떠나는 스님, 나이 오십을 바라보는데도 체구는 작고 소녀처럼 가녀린데 말이나 글이나 행동은 아주 강하고 직선적이다.

"연출 맡은 저 친구 내가 챙겨줘야 해요."

어미가 새끼 챙기듯 그 스님은 젊은 연출가의 재능을 아까워하고 또 한국 현실을 안타까워 했었다.

"연극하는 놈 다 배고프잖아요. 아까운 재능이 풀렸으면 좋은데 …."

많이 좋아졌다고 하지만 아직도 연극판은 배가 고프다고 한다. 그런데도 연극에 정열을 태우는 배우를 보면 존경스럽다. 존경이라기보다 아름답고 부럽다는 생각이 든다. 남자충동이라, 제목이 일단 맘에 쏘오옥 든다.

끝까지 재미있게 관람했다. 목포 주먹세계를 그린 연극인데 배우들의 열연이 대단했었다. 혼신으로 그 속에 빠진 관객과 배우들, 관객과 배우의 하나된 그 공연장의 열기, 영화와는 전혀 다른 감정 속으로 빨려들어 갔었다. 진정한 남자가 되려면 조직을 평정해야 한다는 조폭의 세계와 결국 그 주먹으로 인해서 죽음을 맞게 되는 과정을 그렸다. 오랫만에 속 시원한 연극을 보았고, 스님과 차도 마시고 헤어졌다.

신호등에 걸린 버스가 찌이-익, 하면서 급정거를 하고 앞으로 몸이 쏠린 나는 앞자리 비구니 스님의 머리통에 이마가 부딛칠 뻔하였다. 아이쿠 …! 앞자리 저 비구니 스님의 반들반들한 머리통, 갑자기 원욱 스님의 머리로 보인다.

죽과 함께 팔아먹은 詩

아침에 일본 여행객이 단체로 왔다. 지난달에 예약했었는데 정확한 시간에 맞춰서 왔다. 토요일, 관공서와 대기업이 쉬는 토요일, 주 5일 근무가 시행되고서는 하루 전인 금요일부터 한가하다.

일요일이 지나고 월요일까지 그 후유증은 연결이 된다. 대기업이나 공무원들은 좋다고 하겠지만 중소기업이나 나 같은 작은 규모의 영업집에서는 정말 죽을 맛이다. 누가 물으면 그런다.

"정말 죽을 마시고 삽니다."

덕분에 아침에 정신을 쏙 빼게 바빴다. 한 시간 북새통을 치르고 이제 한시름 놓고 앉아서 우아하게, 시인처럼 모닝커피를 마시고 있다.

계산대 앞에 놓인 시집들, 우리 회원들이 기증해 주신 그 시집들, 일 년 동안 계산대 위를 지킨다. 손님들이 한 권씩 구입해 주면 그 전액을 전남 광주에 있는 작은 단체에 송금해

준다. 작은 정성이지만 보낼 때의 그 행복은 돈으로 어찌 계산할 수 있으리.

여행 가이드가 내게 묻는다. 여차저차를 이야기했더니 일본말로 일행에게 설명을 해준다. 갑자기 박수를 치고 술렁술렁인다.

무슨 일이냐고 물었더니,

"이 집 주인이 시인이라고, 여기 시집도 있다고 소개했어요. 다들 놀라시잖아요."

한 분씩 인사를 하고 악수를 했다. 환한 웃음 속에서 말은 통하지 않았지만 마음을 느낀다. 뜻밖의 상황에서 기분 좋은 인사를 나누었다.

나도 정말 시인답게 정중하고 얌전하게 묵례를 했다. 명함을 한 장씩 다 들고 나가긴 했는데 저 명함이 언제 내게 올 기약이 있는 건지, 하여간 졸지에 오늘 아침 나는 죽과 함께 시도 팔아먹었다.

가장 기분 좋은 것은, 한국에 와서 여러 집 음식을 먹어봤는데 여기가 젤 맛있었다고 엄지손가락을 하늘 높이 올려준다. 진담인지 아니면 내 기분 띄워주려고 그랬는지 몰라도 하여간 좋다. 참으로 간사한 게 사람이라고 그 번쩍 뒤로 제낀 엄지손가락 몇 개에 어두운 불경기의 그림자가 싹, 사라지는 게 아닌가.

살아있는 사람과 죽은 사람의 사이에서

"살아있는 사람과 죽은 사람의 사이에서"라는 글귀를 티브에서 보았다. '세상에 이런 일이'라는 프로였다. 어머니 무덤가에 온 공작새를 보고 죽은 어머니의 혼백이라고 정성껏 모시고 그날그날의 공작새 근황을 비디오로 찍어서 보관하고 있었다.

68세의 할아버지가 두 달 전에 돌아가신 어머니를 못 잊어 하는 사모곡 내용인데, 그 할아버지가 벽에 써놓은 글귀가 바로 저것이었다.

— 살아있는 사람과 죽은 사람의 사이에서 —

그 프로를 보면서, 아니 그 글귀를 읽으면서 가슴 한켠에서 작은 파문이 일어났었다. 그렇지, 죽은 사람과 산 사람의 사이란 저 벽에 써놓은 한 줄의 글귀일 따름이다. 그런데 다시 그 글귀가 섬뜩하니 내 머리에서 살아났다.

오후에 발광난 버스가 우리 가게 앞 가판대를 들이받았다. 가판대를 들이받기 전에 몇 대의 승용차를 연달아 치었고, 그

충격으로 가판대까지 버스의 들이받음이 진행되었다. 버스의 난동은 죄 없는 가로수 은행나무를 마지막으로 쓰러뜨리고 멎었다.

가판대 안에서 수상쩍은 버스의 굉음을 듣고 좁은 공간 안에서 장사하시던 아주머니가 서둘러 나오는 순간 버스가 가판대를 받았고, 아주머니는 공처럼 밖으로 튕겨져 나와서 보도블럭에 머리를 부딪쳤다.

눈 깜짝할 순간에 일어난 그 일은 정말 거짓말처럼 한순간에 끝이 났다. 우리 가게 앞 문턱에 짓이겨진 아주머니 얼굴에서 피가 범벅으로 흘렀고, 경황 없이 당황한 사람들이 웅웅거릴 때 옆집 오락실 사람이 나와서 뒷처리를 해주었다. 우선 지혈을 하면서 119를 불렀고, 조금 뒤 경찰과 구급차량이 동시에 왔다.

조금 전 병원에 다녀온 아주머니 남편에 의하면 그나마 다행스럽게 머리는 다치지 않았고 눈두덩과 아랫입술 밑이 찢어졌고 오른쪽 팔꿈치 뼈가 으스러졌다고, 빨리 수술을 해야 되는데 여건이 빨리 되지 않고 있다고 반쯤 정신이 나갔다. 참 착하게 사시는 두 분인데, 정말 법 없이도 산다고 하는 사람들인데 저렇게 날벼락을 맞게 될 줄 누가 짐작이나 했을까.

그러면서 아저씨가 날 보고 그러신다.

"그래도 죽집 안 받았으니 다행이지요. 큰일 날 뻔했잖아요."

"아이고, 아저씨! 큰일은 이미 났지요. 아저씨 홀아비 될 뻔 하셨는데 남의 집 날아가는 게 대수예요? 아줌마 날아간 게 큰일이지 …."

그 와중에 주변 가게 무사한 것을 다행이라고 하시는 아저씨, 정말 불행 중 다행이라고 위로했지만 마음이 아프고 또 아프다. 나도 얼마나 놀랐는지 가슴이 한나절이 지나도 울렁거렸다.

살아있음과 죽음은 정말 아무 것도 아니다. 잠시 전까지 얼굴 보며 웃던 이웃이 내 앞에서 죽은 자로 이름지어질 수 있다는 것, 그 이웃이 바로 내가 될 수도 있다는 것.

어쨌거나 이왕 사고는 난 것이고 생명에 지장은 없다니 아주머니가 빨리 나아서 다시 일을 했으면 한다. 그래서 아침에 웃으며 눈인사하고 어쩌다 내가 타다 주는 모닝커피를 "아유, 늘 이렇게 받아만 마셔서 어쩐대유 잘 마실께요" 하며 두 손으로 받으면서 고맙게 맛있게 마시는 날이 어서 왔으면 싶다.

잠시 인연

오후 4시쯤 운동을 하러 나섰다. 날씨가 흐렸지만 비는 밤 늦게 온다고 했기에 우산 없이 남산에 갔다.

등때기 다 젖게 속보로 걷기를 한 시간 반, 바람이 수상하게 분다. 비를 몰고 오는 바람이 틀림없다. 잠시 뒤, 내 예감대로 천둥소리가 들린다. 내려가려면 30분은 걸리는데 비가 오면 정말 낭패다.

서둘러 걷기를 더 빨리 했다. 나뭇잎에 후두둑, 빗방울 떨어지는 소리가 들린다. 그렇지, 비 맞는 것은 확실하구나. 금세 빗줄기가 굵어지고 땅에서는 흙냄새가 풍긴다. 운동하러 나온 사람들이 갑자기 바빠졌다. 뛰어가는 사람, 잠시 나무 아래 몸을 피하는 사람, 쉼터정자를 지난지가 한참이라서 아무 곳에도 그늘막은 없다.

모자 눌러쓰고 바람막이 옷 지퍼 목까지 올리고 걸었다. 우박처럼 굵은 빗줄기가 쏟아지기 시작한다. 할 수 없이 나무숲 그늘에 들어가 몸을 피했다. 숲이 여러 겹으로 우거져서 비가 전혀 스미지 않는다.

그렇게 비를 피하고 있을 때 한 사람이 내 옆으로 뛰어 들어온다. 반바지에 티셔츠가 흠씬 젖은 그 사람은 머리칼을 쓸어올리며 인사를 한다. 이십대의 딸내미도 함께 뛰어온다.

"비가 갑자기 쏟아지니 대책이 없군요."

"그러게요. 일기예보에는 밤에 온다고 했는데요."

"딸이 참 이쁘네요. 무용하는 것 같아요?"

"아닙니다. 미국 유학 가 있는데 방학이라서 왔지요."

딸내미와 매일 운동을 나온다며 설명을 해준다.

한동안 이런저런 이야기를 하고 있으니 비가 잠시 멎는다. 엉거주춤하니 앉아 있다가 일어나려니 오금이 저린다. 이틀 걸러 남산에 운동 나온다는 그 사람은 묻지도 않은 이야기를 한다.

"한우물을 파야 되는데 친구들과 딴 짓 하려다 다 날렸지요. 임대업을 평생 하고 살았는데 건물 다섯 채 다 없어졌어요."

"네, 그래도 몸은 안 날리셨잖아요?"

"하하하하하 … 맞아요. 5년 동안 힘들었는데 이제 견딜만 합니다. 마누라가 그래요, 우린 이렇게 돈 없이 살아야 하는가 보다고."

재물이란 평생 내 것이 아니다. 내게 머무는 동안 내 것이고, 내 손을 나가면 남의 것이다. 그러나 건강은 평생 내 것이다.

마음이 부자로 사시라고 위로의 말을 건네고 헤어졌지만, 글쎄다. 얼마나 위로가 되었는지 ….

가만히 생각해 보니 사람의 인연이란 옷깃만 스쳐도 선생에 억겁의 인연이 닿았던 사람이라는데, 나무그늘에서 함께 비를 피하고 사는 이야기 나눈 오늘의 인연은 얼마만큼의 인연이었을까?

인연 아닌 것은 없다

지난해 송년 모임을 시화전으로 대신해서 보냈다. 회원도 많지 않으니 당연히 단출하고 정겨울밖에 ….

회원 중에 화가가 있어서 혼자서 삽화 그리느라 고생을 했다. 우리끼리 축하하면서 빙 둘러앉아 일 년을 마무리하고 돌아오는 새해를 준비하는 소박한 모임이다.

그때 걸어둔 액자가 지금도 몇 개 내 일터의 벽에 걸려 있다. 시간 내서 떼어가라고 했는데 무게도 만만치 않고 굳이 급한 게 아니라고 몇 개가 남아 있었다.

오랫만에 반가운 분이 오셨다. 연세가 68세지만 너무나 활기차게 사업을 하시는 분이다. 인도로 중국으로, 그야말로 동에 번쩍 서에 번쩍 하신다. 두어 달 만에 한국에 들어왔는데 낼 모래 또 나가신다고, 이런저런 이야기를 하시더니 벽에 있는 액자 중에 하나를 지적하신다.

"저 액자가 정말 좋은데 … 누구 것이오?"

"네, 우리 막둥이 회원의 작품인데요."

"저거 내가 가져가면 안 될까요?"

"그러세요. 액자값만 주세요. 그 액자값은 작은 단체에 후원금으로 전액 보냅니다."

이리하여 그 액자를 그분이 떼어가셨다. 그 액자의 주인과 액자를 사가신 분의 관계를 잠시 생각했다.

먼저 액자의 주인은 수녀님들이 운영하시는 봉사단체에 후원을 하는 친구다. 젊은 친구들이 주축이 되어서 보이지 않는 곳에 사랑을 나누고 있다. 정말 따뜻한 도움이 필요한 곳, 소문나지 않은 곳, 연말연시 악수하는 사진이 나오지 않는 곳, 그 친구의 봉사활동을 보면서 정말 큰 감동을 받았다.

'광록회'라는 이름으로 아름다운 일을 하고 있는 젊은 친구들, 세상이 아무리 각박하다 해도 도처에 저런 사랑의 힘이 있기 때문에 살만한 게 아닐까.

그 뒤로 우리도 아주 작은 마음을 모으고 있지만 너무 미약하다. 그런데 그 액자를 사간 분은 두 번의 앎 수술을 받고도 건강하게 살고 있는 분이다. 남은 생명이 하나님의 선물이라고 생각하며 늘 감사하며 사시는 분이다. 마더 테레사 수녀님이 돌아가시기 보름 전에 그 수녀님을 만난, 한국 사람으로 마지막 인사를 나눈 분이다.

액자가 여러 개 있었는데 유독 그 액자가 당신 마음을 흔들었다고, 「봄날 아침」이라는 고향의 어머니를 떠올리는 시였다.

"성모님이 귀뜸해 주셨나 봐요?"

"그러게 말입니다. 그 형제님께 고맙다고 전해주세요."

큼직한 액자를 들고 나가시면서 얼마나 즐거워 하시는지 고맙습니다. 잘 쓰겠습니다 하면서 배웅을 했다. 나눌 수 있는 사랑이 있음이 너무나 행복했다.

봄은 왔는데

제일 좋아하는 여성상이 나와 여행가 한비야라고 하는 총각이 있다. 제주도産 서른 여덟 노총각인데 매우 소심하고 여린 한준이라는 친구다. 몸이 건강치 못해서 속상하거나 힘들 때 내게 편지를 보내온다. 서울에서 혼자 살고 있는데 아무런 도움도 못 주고 마음만 아프다. 몸이 재산인데 그 재산이 파산지경이 되었으니 너무 안타깝다.

몇 년 전 청계산 등산로에서 우리는 처음 만났었고, 아주 가끔 얼굴 보고 전화나 문자 메시지를 보내온다. 작년 여름 만나고 그동안 얼굴을 보지 못했다.

서로 바쁘다는 핑계로 안부를 물어온 게 언제였더라. 가끔은 생각을 한다. 건강은 어떨까. 회사형편은 좀 나아졌을까. 밥해 먹는 게 어느 정도 쉬워졌을까.

막내동생과 나이를 계산해도 한참 아래다. 한준이의 몸에도 봄이 와야 할 텐데, 그래야 마음에도 봄꽃이 필 게 아닌가.

"어느덧 겨울이 가고 봄이 왔네요.

그동안 잘 지내고 계시죠?

저는 회사 열심히 다니고 평범하게 지내고 있습니다.

날씨가 많이 풀려서 나가서 바람도 쐬고 싶지만 몸이 말을 안 듣네요.

어제는 북한산 모임도 있었는데 몸상태 때문에 참석도 못하고, 얼굴은 퉁퉁 붓고 다리도 부어 잘 걷지도 못하고 참 죽을 맛입니다.

회사는 어렵다고 월급도 밀리고, 거기에다 임금도 삭감하고 어디가서 얘기도 못하고 갈 곳은 없고 ….

좋아지겠지 하며 하루하루 보내네요.

제목은 봄인데 엉뚱한 얘기만 썼지요?

새싹이 파릇파릇 돋아나는 봄이 왔는데 말예요

누님 안녕히 계세요."

어머니의 청국장

"엄마, 낮에 전화하니까 안 계시데요. 운동 가셨어요?"
"응, 전화했었나? 창호네서 점심먹으라고 불러서 갔다 왔다."
"잘 하셨어요. 맛있는 것 했나보네요?"
"혼자 먹기 싫다고 불렀더라. 청국장 끓여서 둘이 먹었다."

청국장이 먹고 싶어졌다. 해마다 겨울이면 어머니는 청국장을 띄우셨다. 안방 아랫목에다 이불 덮어서 띄우는 청국장 냄새가 그립다. 이제는 연세 드시고 몸이 성치 않으시니 해달라고도 못하고, 행여 하신다 해도 자식들이 만류한다. 조금 사먹으면 되니까 힘든 일 하지 마시라고 했지만 만들어 보내주셔도 예전처럼 자식들이 잘 먹어주지도 않는다.

한 2년 전부터 어머니 청국장을 먹지 못했다. 생활 여건이 대부분 아파트이고 보니 한번 끓이면 냄새가 심하고 요즘 아이들은 별로 좋아하지도 않는다. 이게 무슨 냄새냐고 현관 들어서면서 코를 쥐고 불평을 해댄다. 발코니 창문을 열고 환풍기를 틀어대고 옆집 눈치를 보아야 한다. 청국장 냄새 눈치는 아파트에서 강아지 키우는 것과 비슷하다.

콩이 너무 갈아지면 씹히는 맛이 적다고 약간씩 콩조각이 남아 있게 하셨다. 뚝배기에 바글바글 끓이는 청국장, 두부도 넣고 대파랑 냉이를 넣어서 끓이면 그 구수한 냄새만 맡아도 금세 밥 생각에 침이 돌았다. 물이 많으면 국이 되니 약간은 되직하게 자박자박하게 물을 붓고 청양고추 한 개 송송 썰어서 양념을 하면 톡 쏘는 매운맛 또한 일품이다.

청국장이 다이어트에 좋다고 언론에서 몇 차례 오르내리는 것을 본 딸내미가 외할머니한테 부탁을 드리란다. 할머니 만든 것은 우선 위생상태가 믿을 수 있고 우리 콩으로 만들었으니 안심하고 열심히 먹을 테니 분말로 만들어달라고 주문을 한다. 약처럼 분말을 한 수저씩 먹으면 냄새도 심하지 않을 거라고 이유를 댄다.

어쩌니 어쩌니 해도 새끼의 부탁이란 참 안 들어줄 수가 없다. 어머니한테 손녀딸 이야기를 했더니 흔쾌히 해주신단다.

"할미 살아있을 때 한 개라도 뭘 만들어 줘야지, 죽으면 못 해주니라."

분말도 만들어 주고 끓여먹게도 해서 보내줄 테니 며칠 기다리라며 어머니는 당신 아픈 것도 잊은 채 즐거워 하신다. 얼마나 어머니가 해주시는 청국장을 맛볼 수 있을지 전화를 끊으면서 마음이 허전해진다.

누님

한동안 가깝지 않았던 두통이 요즈음 종종 온다. 며칠 동안 온 두통과 하루 온 종일 싸움을 했다. 애인처럼 날 안고 있는 두통을 힘들게 떼어놓고 일어났다. 냉수 한 컵 마시고 억지로 움직이면서 컴퓨터를 켰다. 맨 먼저 창을 열고 메일을 확인했다. 하루에도 수십 개씩, 어떤 날은 더 많은 스팸메일이 온다. 제목도 그럴싸하게 써 있는 편지들, 누구지? 하면서 열어보면 십중팔구 엉뚱한 메일이다.

열두 개의 메일을 다 삭제하려다 보니 제목이 '누님'이 있다. 습관적으로 삭제하던 것을 멈추고 열었다. 내용이 단 한 줄로 간결하다.

"보고시퍼요, 마니마니"

막내 남동생이 보내온 메일이다. 어쩌다 한 번씩 보내오니 닉을 기억하지 못했다. 보고싶다고, 단 한 줄로 써보냈지만 그 한 줄 속에는 얼마나 많은 이야기가 있는지 짐작한다.

형이 살아 있을 때는 편안하니 형 그늘에서 일을 했었지만 이제는 저 혼자 할 수밖에 없다. 형이 하던 일 도맡아 하면서 힘들고 속상하고, 그래서 울기도 하고, 세상 산다는 게 만만하지 않다는 것을 절절히 체험하고 있다고, 술 한잔 마시면 한밤중 전화를 해오던 동생이다.

말하지 않아도 그 마음을 헤아릴 수 있는 관계, 그런 사이의 인연, 우리가 몇 명이나 갖고 있을까. 어쩌다 만나도 늘 만나는 것처럼 편안하고 가까운 사람, 이제 그런 사람 한둘 곁에 있게 해야 하지 않을까.

나이 들어 흉허물 없이 속내를 내보이며 나눌 수 있는 그런 사람, 그러다 어느 날 전화를 걸거나 한 줄 메일을 보내면서

"보고시퍼요, 마니마니 …."

이렇게 말 할 수 있는 사람, 그런 사람 생각한다.

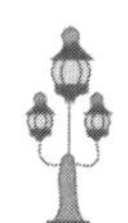

길 건너시는 분 없어요?

"길 건너시는 분 없어요?"

아침 출근길, 횡단보도를 건너려고 할 때 뒤에서 들리는 소리다. 뒤돌아보니 육십 가까이 되어 보이는 아저씨 한분이 손에는 흰 지팡이를 짚고서 길을 건너려 하면서 도움을 청하시는 소리였다.

우루루 …. 시청앞 사거리 횡단보도는 언제나 건널 때마다 사람의 물결이 출렁거린다. 한떼의 행인들이 바삐 건너가느라 맹인 아저씨의 외침은 그냥 소음에 묻힌다.

다행이 바로 앞에 건너려던 나는 아저씨의 팔장을 끼었다.

"천천히 걸으세요."

"아이고, 감사합니다."

"자, 바로 앞에 턱이 있어요. 조심해서 오르세요."

길을 다 건너오자 아저씨가 내게 묻는다.

"어느 쪽으로 가시는지요?"

"예, 저는 남대문 방향으로 가는데 아저씨는 어느 쪽으로 가세요?"

“전 북창동 골목으로 가는데 여기부터는 잘 갈 수 있어요.”

아저씨를 끼고 있던 팔을 풀었다.

새해 첫 출근날 아침이니 뭔가 인사를 하고 싶었다.

‘복 많이 받으세요’ 하기도 그렇고, 뭐라고 해야 좋을까 잠시 망설였다.

“아저씨, 아프지 마시고 건강하게 사세요.”

“감사합니다. 감사합니다.”

먼저 걸어오다가 다시 뒤돌아보니 흰 지팡이를 딱딱 짚어가면서 걷는다. 옆 골목으로 사라지는 모습을 한동안 서서 보았다. 맹인 아저씨의 뒷모습이 내 머릿속에 온 종일 남아 있다.

이런저런 욕심을 많이 부리는데 환하게 앞을 볼 수 있다는 것만으로도 얼마나 감사한가. 횡단보도 하나 건너는 동안 그 맹인 아저씨의 눈이 되어줄 수 있었음에 감사했다.

마음의 장님이 되지 않아야 할 텐데, 그리 살아야 할 텐데 ….

훤하게 눈 뜨고 마음이 닫힌 사람이 많다. 눈으로 보는 게 먼저라고 하지만 마음으로 볼 수 있어야 사랑이다. 그 아저씨 정말 아프지 말고 건강하게 사셨으면 좋겠다.

타워펠리스

종종 신문에서, 방송에서 회자되는 최상류 주거공간,

'타워펠리스'

집 한 채 값이 수십 억 원을 호가한다는 문제의 집.

연말에 친구들과 간단한 모임이 있었다. 저녁식사를 마치고 한 친구가 자기 집에 가자고 한다.

"우리 집에 맛있는 케잌을 준비해 두었는데 가자."

"밤늦게 그렇잖아? 다음에 가지 …."

"아냐, 괜찮아, 내가 와인도 준비해 뒀는걸."

그 집은 어떨지 약간은 궁금한 점도 있었다. 언론에서 난리를 치며 부추겨대던 문제의 회색감옥을 언제 보겠는가. 준비해 둔 초대를 거절하기도 난감하고 해서 우리는 반반의 상태로 함께 나섰다.

그 친구가 타고 온 벤츠 승용차에 실려갔다. 벤츠를 타본 것도 생전 처음이다. 다시 타볼 기회가 있을 거라는 기대는 하지 않는다. 승용차 값 또한 엔간한 집 한 채라는데, 무궁화꽃이 다섯 개쯤 붙은 특급호텔을 들어가는 듯하다. 영화에서 본 느낌,

정확하게 영화 속을 들어갔다.

건물에 들어서면서 카드를 입력하고, 엘리베이터에 타면서 지문 인식하고, 그 친구 현관문에서 번호 확인하고 … 세상에 어디 제 집 들어가면서 저렇게 복잡한 절차를 어찌 매번 거치고 사는지 ….

집 안팎이 다 낯설다. 사람만 한국산이다.

창 아래 내려다 보니 양재천이 보이고, 반대쪽 창밖을 내려다 보니 세상에나! '구룡마을'이 보인다. 한 평짜리 쪽방이 게딱지처럼 붙어 있는 천막촌, 강남땅 대모산 아래 저런 거처도 있는데 … 공동변소에서 아침이면 줄을 서고 있다는데 ….

화장실에 가려고 했는데 도무지 화장실이 안 뵌다. 어디냐고 물어서 화장실 앞에 왔는데 또 막혔다. 손잡이를 찾으니 없다. 우리 아파트 화장실 문처럼 둥근 손잡이를 찾으니 없다. 아무런 잡이 장식이 없이 그냥 벽이다.

어쩌다 슬쩍 밀쳤는데 벽이 열린다. 스르르 소리 없이 밀리는 미닫이문, 전혀 알 수가 없다. 소리도 없이 조용하게 밀리며 화장실이 모습을 내보인다.

양재천 건너 게딱지처럼 달라붙어 땅에 붙은 집들, 구룡마을이 숨을 죽이고 있다.

스르르, 스르르, 구룡마을 사람들의 억장 무너지는 소리가 들린다.

사모곡

음력으로 동짓달 초하루가 아버지 기일이다. 해마다 날씨가 무지 추워서 며느리들 고생깨나 시키신다.

별명이 간디였던 아버지는 평생 같은 체중을 유지하셨다. 뿔테 안경과 바싹 마른 체구, 자그마한 몸이 꼭 간디와 흡사했다. 꼿꼿하게 허리 펴고 앉으셔서 서너 시간 꼼짝 않고 책을 읽으시던 모습, 말씀이 너무 없으셔서 가끔 내가 아버지를 놀렸었다.

"아버지 돈 안 드는 말씀, 너무 인색한 거 아니예요?"

그냥 빙그레 웃으시기만 하시던 아버지, 그 아버지가 자식 중에서 유난히 사랑하신 문열이 딸, 바로 내가 문열이다.

서른에 얻은 첫 핏줄이고 보니 그 사랑이 남다르셨다. 화가이셨던 아버지, 학교 훈장으로 평생을 사신 아버지, 문열이 딸 보러 서울 오셔서 유자차 한 잔 마시고 두어 시간 이야기하고 거짓말처럼 내 품에 안겨서 돌아가셨다.

그런 세월이 벌써 15년이 흘렀다. 작년에 한 번 못 갔었고 제삿날은 꼭 친정집에 내려갔었다. 이번에는 여러 가지 사정이 생겨서 가기가 어렵게 되어 동생한테 아무래도 어렵겠다고, 엄마한테 말씀 잘 드리라고 당부를 했었다.

제사 전날 엄마가 전화를 걸어 오셨다. 대뜸 울음섞인 목소리가 전화선을 타고 흘렀다.

"못 온다고 했담서? 보고싶은 사람이 와야지 …."

말끝을 못 잇고 울먹울먹 하신다. 어쩔 수 없이 힘들게 제사에 참석하러 내려갔다. 형제가 다 모여서 생전의 아버지 추억하며 도란도란 안방이 훈훈해졌다. 나이 들고 각자 솥단지 따로 걸고 살다 보면 형제가 만날 수 있는 날이 많지 않다.

유난히 두 분이 사이가 좋으셨었다. 그래서 아버지 일찍 떠나셨나 보다고 주변에서 위로를 했었다. 어렸을 적에 엄마랑 한방에서 잠을 잔 기억이 별로 없다. 두 분이 오붓하게 안방을 쓰셨고 우린 우리끼리 작은 방에서 잤다. 지금 생각하면 참 서로 사랑하고 아끼고 그리 사셨다는 것을 느낀다.

제사 끝내고 그 밤에 서울 올라오니 새벽이다. 아침에 엄마가 전화를 하셨다.

"이 사람아, 힘들어서 어쩌나? 벌써 출근한겨?"

이 사람아, 그 호칭에 가슴이 쿵 하고 내려앉았다. 자식이 이만큼 나이가 먹었구나. 아무개야 대신 이 사람아, 이렇게 부르는 나이가 되어 있었다. 언제부턴가 호칭이 바꿔불리고 있었는데 그게 언제였는지 정확히 기억이 없다.

외할아버지께서 자식들을 그리 부르셨었다. 중년의 나이가 된 자식들을 이 '사람아'라고 부르시고 '아무개야'라고 부르지 않으셨었다.

어머니는 그 아버지의 사랑이 담긴 호칭을 자연스럽게 내게 쓰시고 계신다. 물이 흘러가듯이 순순한 그 사랑으로 이만큼 흘러오고 있는 것이다. 세월이 더 지나고 나면 내가 그 호칭을 쓰는 위치에 있을게다.

어머니라고 부르지 않고 여적 엄마라고 부르지만 오늘 아침 갑자기 그립다.

이 사람아, 그 음성이 울컥 그립다.

물 먹이다

"물좀 멕이세요."

건물 리모델링 시공사의 사장이 문을 열고 들어온다. 공사가 절반쯤 진행되고 있어서 어수선하다. 온 종일 먼지 속을 드나들기도 하지만 이곳 태평로가 공해가 심하다.

버스 노선이 수십 개, 엔간한 버스는 거의 다 경유하는 지점이다. 버스정류장 '시청역', 정말 많은 버스들이 거쳐가는 곳이다. 그 버스에서 뿜어내는 매연도 심하니 목이 칼칼할 수밖에 없다. 초여름이라지만 날씨도 꽤 덥기 때문이다.

"물좀 주세요."

그렇게 말하지 않고 물좀 멕여달라고 주문을 한다. 처음에는 그 말이 재미있어서 웃었다. 그랬는데 몇 번 물을 멕이다 보니 웃을 수가 없다. 웃으면서 말하지만 그 말뜻이 예사롭지 않기 때문이다.

물을 달라는 표현이지만 단순하게 물 한잔이 아니다. 공사 과정의 여러 가지 애로사항도 포함되어 있음이다. 일이란 벌려 놓으면 복병이 튀어나온다.

물먹인다.

물먹었다.

물은 우리 몸에서 조금만 부족해도 사람이 죽는다. 그러나 대부분 부정적인 뜻으로 사용되는 말이다. 누군가에게 손해를 끼치거나 배신을 당했을 때 사용하는 말이다. 기업에서 퇴출되거나 정치권에서 끌려 내려오는 사람에게 종종 쓴다.

물이 얼마나 소중한데 그렇게 쓸까. 좋은 물맛은 아무 맛도 없는 물이다. 우물물이나 약수터물이나 조금씩은 그 나름대로 맛이 있다. 딱히 꼬집어 맛을 말하라면 어렵지만 하여간 물맛이 다 다르다. 그러나 그 물맛 중에서 가장 맛있는 맛은 말 그대로 물맛이다.

우리 몸의 7할이 물이다. 어머니 자궁 속도 물이다. 양수 속에서 태아는 숨쉬고 성장을 한다. 물은 사람의 생명이다.

톡톡 쏘는 맛, 달콤하고 새콤하게 입맛을 당기는 맛, 혀끝을 녹일 만큼 감미롭고 향기로운 맛, 그런 물을 계속 먹을 수 있을까. 한두 번이면 금세 질려버릴 것이다.

요즘 유행하는 건강음료의 종류도 많다. 그러나 갈증이 심하게 날 때 그것들은 더 갈증을 나게 한다. 결국은 시원한 맹물 한잔이 최고다.

사람도 음료수처럼 다양한 성격을 갖고 있다. 그러나 끝까지 같은 맛을 유지하는 사람이 흔치는 않다. 어차피 음료수란 시간 지나면 맛이 변하기 마련이다. 친절하게도 유효기간이 명시되어 있다. 성분과 재료와 원산지 표기도 되어 있다. 사람은 어디에도 바코드가 보이지 않는다.

물맛 같은 사람, 아무 맛이 없는 듯하지만 생명을 느끼는 사람, 그런 사람은 누구일까.

변소청소하는 CEO

우리 가게 식구들 아무도 몰랐던 비밀이 드디어 탄로났다. 앞뒤 사정 모르는 관리 할아버지가 눈치 없이 누설해 버렸다.

"큰 봉투 하나 있으면 줘요."

관리 할아버지가 내려와서 봉투를 달란다.

"뭐하시게요?"

우리 직원이 궁금해서 묻는다.

사단은 여기서 시작된 것이다.

"아, 화장실 청소 이 집 순서인데 깜빡 한 것 같아서 …?"

"무슨 화장실 청소 순서가 있어요?"

"이 집이 어제 당번인데 청소를 안 했더만."

이 건물 관리를 맡고 있는 할아버지의 연세가 칠십을 넘었다. 관리실에서 먹고 자고 근무를 하신다. 집이 일산인데 일주일에 한번 다니러 간다. 가족과 떨어져 있는게 안타깝지만 감수해야 되기 때문이다. 그 나이에 일이 있는 것만으로도 참 다행스럽고 행복한 게 아닐까.

우리 건물은 1·2층 점포가 돌아가며 화장실 청소를 하고 있다. 당연히 관리비 내고 있으니 할아버지 몫이다. 그러나 조금씩 수고하면 할아버지 일손 덜어준다는 생각으로 여적 그 고약한 청소를 대신하고 있다. 다들 종업원 시켜서 청소하시 명색이 사장은 아무도 안 한다. 우리 가게 당번날 되면 밤늦게 퇴근 전에 올라가서 청소를 했다. 처음 오픈 때부터 했지만 아무도 몰랐다. 당연히 할아버지가 하고 있으려니 … 그랬을 것이다. 그런데 관리 할아버지의 주책(?)으로 다 들통이 났다.

우렁각시의 화장실 참선은 이렇게 끝이 났다.

청소를 하는 동안 여러 가지를 배웠다. 선을 긋고 살았던 것에서 자유로워지고 세상의 숨은 면을 보기도 했다. 밑바닥이 뭔지, 밑바닥 일을 하는 심정이 어떤지 짐작이 간다.

요즘 새 건물은 화장실이 정말 멋지다. 그러나 우리 건물은 오래되다 보니 많이 노후되었다. 당연히 화장실 상태가 매우 열악하다. 그러니 사용하는 사람들도 별로 신경쓰지 않고 휴지며 담배꽁초를 버린다. 가끔은 오물도 그대로 방치되기도 한다.

비닐장갑 끼고서 휴지통을 비우려면 냄새가 심하다. 처음에는 비위가 상해서 숨을 잠시 끊고 청소를 했었다. 우리 집 식구들이 사용하는 화장실이려니 마음을 자꾸 그쪽으로 돌렸다.

나중에는 냄새가 나면 나는갑다, 오물이 흘려져 있으면 누가 또 사고쳤군 한다. 무심해진다고 할까, 하여간 당연하게 내 몫으로 굳어졌다.

예전 화장실을 생각해 보라. 화장실 문화가 지금처럼 바뀔지 누가 짐작이나 했을까. 일 년이 길다면 길고 짧다면 짧은 시간이지만 나름대로 많은 것을 깨닫는 시간이었다. 식구들 몰래 하려 했던 게 들통이 나버렸다. 말하지 않은 것은 부담스러워 하고 미안해할까봐서였다. 나도 화장실을 사용하는 사용자이기도 하고 별것도 아닌 것을 생색내는 꼴이 될 수 있잖은가.

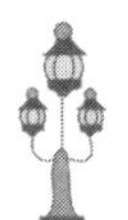

가장 귀한 재산

"제가 위암 수술을 받았는데요 많이 먹지 못하니 아주 조금만 주세요. 밥알을 다 으깨서 해주실 수 있는지요?"

"곱게 갈아서 미음으로 해드릴께요."

"그렇게 해주시면 고맙구요."

바쁜 시간에 쌀을 따로 갈아서 하려면 여간 번거로운 게 아니다. 한가할 때면 괜찮은데 몇 배의 시간과 손이 가기 때문이다. 건강한 사람이라면 그냥 드시라고 하겠지만 본인이 자신의 상태를 상세하게 설명하는데야 어쩔 수가 없다.

사십 초반의 남자 손님이 딱 점심시간에 왔다. 덩치가 씨름 선수처럼 크다. 날씨가 별반 덥지도 않았는데 땀을 많이 흘린다. 손수건을 꺼내서 연신 얼굴의 땀을 닦아낸다.

언젠가 티브이에서 봤는데 살이 찐 사람은 수술할 때 의사가 고생을 한다는데, 육중한 덩치를 보면서 수술하던 화면장면이 떠오른다. 하기사 비만한 사람은 여기저기 성인병 올 확률이 몇 배가 높다 했다.

얼핏 보기에는 아주 건강해 보였다. 환자라는 이야기를 듣고 찬찬히 낯빛을 보니 정말 병색이 짙다. 얼굴빛도 약간 검고 아주 피곤해 보였다.

쌀을 곱게 갈아서 묽게 미음으로 쒀서 내갔다. 수저로 조금씩 조금씩 아이처럼 먹는다. 마음으로야 푹푹 수저 가득 먹고 싶었을게다. 위장을 잘라냈으니 평소처럼 먹을 수가 있겠는가.

저런 때 옛 어른들은 그러셨다. 쥐가 소금 먹듯 한다고, 쥐 소금 먹듯 아주 조금씩 천천히 죽그릇을 앞에 놓고 있는 남자를 보면서 건강하게 산다는 게 제일 큰 복임을 느낀다.

"집에서 끓인 것처럼 맛있네요."

몇 수저 뜨던 그 남자분이 살짝 웃는다.

"그런데 너무 조금 드셨네요?"

"오늘 과식했습니다. 많이 먹었어요. 입에서 당겨서 먹다 보니 …."

삼분의 일도 못 먹었다. 얼굴을 올려다 보려니 참 안쓰럽다.

"사무실이 가까우세요?"

"바로 근첩니다."

"그럼 이따가 속이 편안해지면 다시 오세요. 남은 것 보관했다가 데워서 드릴 테니 아무 때고 오후에 오세요."

진심으로 다시 와서 먹고 갔으면 싶다. 아주 작은 배려지만 내가 해줄 수 있는 건 이것뿐이다.

고맙다는 인사를 하면서 그 남자분이 나간다. 뒷모습을 보면서 코끝이 찡하다. 아직은 한참 일할 나이인데, 아이들도 어릴 텐데, 내 동생을 보는 듯 연신 눈이 간다. 넓은 등만큼 마음 아프다.

주자천朱子川의
죽 쓰며 사는 이야기

초판1쇄 / 2006년 8월 20일
지은이 이은숙
펴낸이 여국동
펴낸곳 도서출판 인간사랑
인 쇄 백왕인쇄
제 본 은정제책사

출판등록 1983. 1. 26. 제일-3호

정가 10,000원

※ 잘못된 책은 교환해 드립니다.

(411-815) 경기도 고양시 일산구 백석동
1178-1
대표전화(031) 901-8144, 907-2003
팩시밀리(031) 905-5815
e-mail / igsr@Yahoo.co.kr
igsr@Naver.com

ISBN 89-7418-960-7 93810

※ 저자와의 협의 하에 인지는 생략합니다.